中国古代教育智慧
ZHONGGUOGUDAIJIAOYUZHIHUI

吕氏春秋
的教育智慧

刘枫 著

中国商业出版社

图书在版编目（CIP）数据

吕氏春秋的教育智慧 / 刘枫著 . -- 北京：中国商业出版社，2018.7
ISBN 978-7-5208-0308-3

Ⅰ . ①吕… Ⅱ . ①刘… Ⅲ . ①《吕氏春秋》—教育思想—研究 Ⅳ . ① B229.21 ② G40-092.26

中国版本图书馆 CIP 数据核字（2018）第 075976 号

责任编辑：王彦

中国商业出版社出版发行
010-63033100 www.c-cbook.com
（100053 北京广安门内报国寺 1 号）
新华书店经销
天津兴湘印务有限公司
* * * * *
710 毫米 ×1000 毫米 1/16 开 10.75 印张 120 千字
2018 年 8 月第 1 版 2018 年 8 月第 1 次印刷

定价：35.00 元
* * * * *
（如有印装质量问题可更换）

目 录

第一部分　吕不韦的教育思想 ··· 1
　　一、吕不韦简介 ··· 3
　　二、吕不韦的教育思想 ··· 5
　　　（一）融合百家思想 ··· 5
　　　（二）吕不韦思想的政治功用 ··································· 6

第二部分　《吕氏春秋》的教育智慧 ····································· 9
　　一、重农思想 ··· 11
　　二、安贫守道重用贤能 ··· 12
　　三、推崇教育 ··· 13
　　四、主张知士、爱士与举贤 ······································· 20

第三部分　《吕氏春秋》选编 ··· 23
　　一、贵公 ··· 25
　　　故事：帝尧让贤 ··· 29
　　二、贵生 ··· 31
　　　故事：伯夷、叔齐不食周粟 ····································· 36

三、圜道 38
　　故事：齐桓公重用管仲成霸业 42

四、诬徒 45
　　故事：孔子因材施教 49

五、大乐 50
　　故事：郑卫之音 53

六、制乐 55
　　故事：宋徽宗昏庸终至亡国 59

七、禁塞 61
　　故事：虞君不听劝告终亡国 65

八、爱士 67
　　故事：中山君有感于礼 70

九、长见 72
　　故事：范蠡泛舟五湖退隐保身 76

十、去尤 79
　　故事：朝三暮四 83

十一、首时 84
　　故事：商鞅四见秦孝公 89

十二、慎人 91
　　故事：姜太公钓鱼 96

十三、慎大 98
　　故事：刘邦约法三章得天下 104

十四、察今 106

故事：刻舟求剑 111

十五、正名 113
　　故事：叶公好龙 117

十六、高义 118
　　故事：申鸣忠孝不能两全 123

十七、达郁 126
　　故事：商纣王酒池肉林终亡国 131

十八、爱类 134
　　故事：梁楚浇瓜 139

十九、疑似 142
　　故事：周幽王烽火戏诸侯 146

二十、察传 148
　　故事：曾参杀人 151

二十一、博志 153
　　故事：铁杵磨成针 158

二十二、似顺 159
　　故事：盲人摸象 163

第一部分

吕不韦的教育思想

一、吕不韦简介

战国末期,秦国日益强大,统一天下已成定局,时代和社会都急需一部综合百家、统一思想而成的政治、历史、文化性的学术论著,以作为统治阶级的思想工具。吕不韦时任秦国相国,从秦国称雄的角度,在思想上以要求统一的倾向出发,广泛搜罗门下客,个个著其所闻,综合百家九流之说,畅论天地万物古今之事,最后汇编成书,名曰《吕氏春秋》。

吕不韦

吕不韦,战国末期卫国濮阳人,是我国历史上著名的行政管理思想家。其原本以经商为生,在邯郸经商时结识了在赵国作人质的秦公子异人或称子楚,认为得到此人是"奇货可居",这样便开始了他的政治投机生涯。后被秦国国君拜为国相,并称之为"仲父"。

在秦庄襄王时期和秦王嬴政的前几年,吕不韦抱着"欲以并天下"的心愿,为秦的统一事业做出了贡献,但是随着秦王嬴政到了可以亲政的年龄,吕不韦意识到要发生相权和王权的矛盾,便从多方面做了应付的准备。最终,在秦王嬴政登基之时发生了武装叛乱。秦王嬴政在追查这一事件的过程中,发现自己的身世与吕不韦有牵连,于是罢免了吕不韦的相国职务,下令将其迁往蜀地。吕不韦看到大势已去,自杀身亡。

战国时期,儒墨先起,黄老继之,进而有

中国古代教育智慧

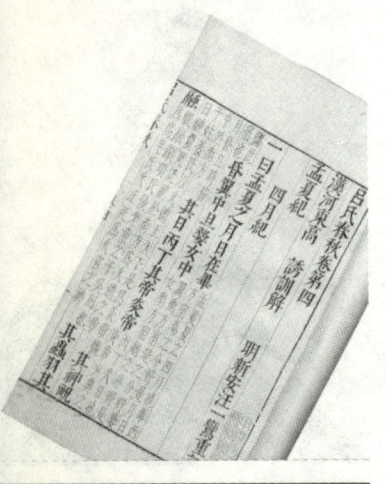

《吕氏春秋》

名、法、岳、农各家，各执一端，争论不休。吕不韦组织门客编写的《吕氏春秋》有八览、六论、十二纪这三个总题目，共一百六十篇，二十六卷，二十余万字，于秦王嬴政八年完成。书中特别注重吸取儒道两家的学说，而对法、墨两家的观点则采取了批判的态度。《吕氏春秋》是中国古代杂家的代表作，"诸子之位兼有之"，没有形成自己的一套比较完整的体系，而是调和了儒、道、法的思想观点，融而汇之，承纳百家之言。吕不韦主编《吕氏春秋》的目的，是为秦朝统一天下进行的思想和理论论证，是我国历史上比较早的一次统一思想的尝试，虽然结果失败了，但《吕氏春秋》的历史功用还是为后世所传习。

二、吕不韦的教育思想

吕不韦的思想,综合了诸家思想之精华,形成了一种比较独立而自成体系的"吕氏言论"。在战国后期由分裂走向统一这样的历史转变时期,吕不韦作为封建地主阶级政治家和思想家,其历史地位和历史功绩是不容抹杀的。他两任秦国相邦,主持朝政,在政治、经济、军事、思想方面为秦的统一准备了有利条件,打下了基础。作为他思想精华的集合,《吕氏春秋》为封建大一统的理论做了新的探索。

诸子百家图

史实说明,秦始皇的统一与吕不韦的功业有着不可分割的联系。吕不韦作为一名由商人晋升为政治舞台主角的封建地主阶级政治家,固然表现了其不可改变的阶级历史局限性,但总体来说他对秦统一事业的贡献是巨大的,他不愧为中国古代杰出的政治家、思想家。

(一)融合百家思想

作为战国末期的思想家,吕不韦尊崇道家,肯定老子顺应客观的思想,舍弃其中消极的成分,将有利于积极入世的思想加以吸收与继承。同时,他还融合儒、墨、法、兵众家之长,形成了包括政治、经济、哲学、道德、军事各方面的理论体系。

吕不韦的目的在于融合百家之长,总结历

中国古代教育智慧

吕不韦墓

史经验教训,为秦国以后的统治提供长久的治国方略。书中提出了"法天地""传言必察"等思想,和节欲、运动的健身之道,有着唯物主义因素。

此外,吕不韦还以儒家"仁政"为思想主流,认为这是治政的最高境界,也是衡量治世的标准。儒家主张入世和出世的统一,既要顺天意,又要有所作为,甚至要"明知不可为而为之"。同时,以道家的"平和"和"顺天"的思想作为基础,取老子顺应客观的思想,舍其消极避世的成分,兼容名、法、墨、兵、农、阴阳百家之长,初步形成了包括政治、经济、哲学、道德、军事等各方面内容在内的比较统一的理论体系,同时还保留了医学、音乐、天文历法及农业等多方面的宝贵资料。汉兴起后,吸取亡秦教训,王霸并用,崇尚无为,与民休息,许多方面是与《吕氏春秋》的思想相一致的。

(二)吕不韦思想的政治功用

吕不韦是一位有见识的政治家,任相之初,"委国事大臣",自己并不独揽大权。在军事方面,吕不韦注意起用老臣宿将,调整好统治集团内部的关系,以稳定国内的统治秩序。他起用了昭王以来的一些老臣宿将,如老臣燕人蔡泽曾因受人攻击,早已被迫告老称病。秦王嬴政即位后，吕不韦请蔡泽出山，参与朝政，后又请他出使燕国，促成了秦燕连横合纵。而王龁、蒙骜这些昭王时的名将，吕不韦也继续委以重任，使他们在兼并战争中发挥出了重要作用。

在治国用人方面，吕不韦始终注意发现和举荐人才，让这些人才在统一大业中发挥了作用。吕不韦认为，对人才委以重任后就要赏罚严明，赏罚要不凭关系亲疏、个人好恶，而要考其实绩，做到因功授爵、赏罚必当。尽管在事实上他不可能真正做到事事赏罚严明，但其提出这些主张，对于整顿秦国吏治、加强国力有着不可忽视的作用。

蔡泽

第二部分 《吕氏春秋》的教育智慧

战国后期，由于日益强大的秦国统一天下已是大势所趋，时代迫切需要有一个能汇百家一体、博采众长的综合思想体系为秦国的统治服务了。秦国相国吕不韦召集门下客，集结百家九流之说编成《吕氏春秋》一书，以儒家思想为主导，兼合各派主张，折中求和、彰显杂家学说，在秦国的社会政治观和教育思想等方面发挥出了巨大的效用。

一、重农思想

《吕氏春秋》中提出了重视农业，以农为本，符合当时国家发展的需要，也符合国民的社会需求，顺应社会发展规律，也顺应民意。如《孟春》《上农》等篇章就反复强调了农业的重要性，特别可贵的是在《任地》《审时》中还较为详细地讲述了农业耕作的具体方法，对后世的农业生产有着一定的指导作用。

中国古代教育智慧

二、安贫守道重用贤能

在《吕氏春秋》中，提出了君主在德行上要安贫守道，在用人方面要以史为鉴，这成为后世开明君主治国平天下的一面镜子。在《先己》中劝谏国君先治己治身，而后治国。在《谨听》中指出"主贤世治，则贤者在上；主不肖世乱，则贤者在下"，后世将"尊贤使能"作为人们评价国君治国成败的标志之一。

三、推崇教育

（一）强调"疾学"、"善学"

《吕氏春秋》认为人要多学、善学，才能博学，才能于家于国有利。在《用众》篇中提出了"取人之长，补己之短"。《学记》将儒家的这一儒家传统思想集中概括为"建国君民，教学为先"，"化民成俗，其必由学"，充分肯定了教育的巨大作用。

《吕氏春秋》明确提出人人都应当"疾学"，在学习上要有强烈的紧迫感，全力以赴、勤奋刻苦。"先王之教，莫荣于孝，莫显于忠。忠孝，人君人亲之所甚欲也。显荣，人子人臣之所甚愿也。然而人君人亲不得其所欲，人子人臣不得其所愿，此生于不知理义。不知理义，生于不学"（《劝学》）这正是儒家"人不学，不知道""人不学则不知理义"思想的进一步发挥。《吕氏春秋》还指出，圣人也是疾学而成的。无论何人，只要肯疾学，都可以成为显士名人，《劝学》篇里有"圣人生于疾学，不疾学而能为魁士名人者，未之尝有也"。

《吕氏春秋》特别提出要"善学"。"善学"的关键是"用众"，就是要善于取众之长、补己之短。所以，《吕氏春秋》中的《善学》篇又名《用介》。其指出："物固莫不有长，莫不有短。人亦然。故善学者，假人之

吕氏春秋的教育智慧

长,以补其短。故假人者,遂有天下。"要做到假人之长,以补其短,就必须端正对人的态度,善于发现别人的长处和优点,而不能只看别人的短处及缺点。缺点再多的人,也总有某些长处,值得自己学习,"无丑不能,无恶不知。丑不能恶不知,病矣;不丑不能,不恶不知,尚矣。虽桀纣犹有可畏可取者,而况于贤者乎!"(《善学》)一个人如能博采众长,就必将大有长进,超过任何有专长的人,"以众勇,无畏乎孟贲矣;以众力,无畏乎乌获矣;以众视,无畏乎离娄矣;以众知,无畏乎尧舜矣。"(《善学》)它用人所共知的事实来论证这个颠扑不破的真理,"天下无粹白之狐,而有粹白之裘,取之众白也。"任何成就大事业的人都是"得之众也","夫以众者,君、人之大宝也。"(《善学》)

《吕氏春秋》提出了一个颇具新意的观点:人体的各种感觉器官不经过学习训练就不能充分发挥其固有的机能,"天生人也,而使其耳可以闻,不学,其闻不若聋;使其目可以见,不学,其见不若盲;使其口可以言,不学,其言不若爽;使其心可以知,不学,其知不若狂。"(《尊师》)以人的感觉器官的功能经过学习训练才能充分发挥作用来论证教育的作用和学习的必要性,这是很新颖的。

《吕氏春秋》对教育的作用和学习的必要性做了一个简单明确的结论:"教也者,义之大者也;学也者,知之盛者也。义之大者,莫大于利人，利人莫大于教；知之盛者，莫大于成身，成身莫大于学。"（《尊师》）对于社会来说，教育的作用是巨大的；对于个人来说，学习是十分必要的。

（二）提倡尊师，教师要"尽智竭道以教"

重视教育必须从尊敬教师开始。不尊师而空谈重视教育是毫无意义的。《吕氏春秋》中的"尊师篇"明确指出："疾学在于尊师。师尊则言信矣，道论矣。"它根据史实和传说列举出了古代的"十圣人六贤者"，说他们没有不尊师的，"神农师悉诸，黄帝师大挠，帝颛顼师伯夷父，帝喾师伯招，帝尧师子州父，帝舜师许由，禹师大成赘，汤师小臣，文王武王师吕望、周公旦，齐桓公师管夷吾，晋文公师咎犯、随会，秦穆公师百里奚、公孙枝，楚庄王师叔孙敖、沈申巫，吴王阖闾师伍子胥、文之仪，越王勾践师范蠡、大夫种"，即使是身为天子，"入大学，祭先圣，则齿赏为师者弗臣"，也是以此来表示敬学和尊师的诚意。

《吕氏春秋》还指出，教育的成败也在很大程度上取决于师生双方的共同努力与密切配合。教师善教，学生善学；教师热爱学生，学生尊敬教师，做到"师徒同体""师徒同心"。在师生关系问题上，教师居于主导地位。善教的教师，才能培养出善学的学生；教师热爱学生，才能赢得学生的尊敬，也才能获得理想的教育效果。《诬徒》中有"达师之教也，使弟子安焉、乐焉、休焉、游焉、肃焉、

严焉。此六者得于学,则邪辟之道塞矣,理义之术胜矣。此六者不得于学,则君不能令于臣,父不能令于子,师不能令于徒"。

(三)教师善教与不善的四点表现

第一,"志气不和,取舍数变,固无恒心,若晏阴喜怒无处,言谈日易,以恣自行",就是随心所欲,毫无原则,喜怒无常,一意孤行。

第二,"失之在己,不肯自非,愎过自用,不可证移",就是自己有失败或过失不肯自我批评,刚愎自用,坚持错误。

第三,"见权亲势。及有富厚者,不论其材,不察其行,欧而教之,阿而谄之,若恐弗及",阿谀谄媚权势者,不管其德才如何,千方百计地讨好奉承。

第四,"弟子居处修洁,身壮出伦,闻识疏达,就学敏疾,本业几终者,则从而抑之,难而悬之,妒而恶之",对才学出众、品貌兼优的学生加以压制、忌妒,结果学生深受其害,学业由此败毁、道术由此荒废。(《诬徒》)

善教的教师"视徒如己,反己以教,则得教之情也。所加于人,必可行于己。若此则师徒同体",结果学业由此而章明,道术由此而大行,教师也必然会受到社会与学生的爱戴、尊敬及支持。(《诬徒》)

《吕氏春秋》揭示了建立良好的师生关系的一项重要原则,即师生同体,才能密切师生关系,"人之情,爱同于己者,誉同于己者,助同于己者";相反,师徒相与异心,就会互相结怨生厌,因为"人之情,恶异于己者""不能亲其所怨,不能誉其所恶"(《诬徒》)。总之,对于教师来说,要求视徒如己;对于学生来说,则要敬业尊师,这样才能做到师徒同体同心、亲密无间,这是建立良好的师生关系的核心问题。

(四)关于尊师的具体要求

首先,要端正学习态度,"凡学必务进业,心则无营,疾讽诵,谨司闻。观欢愉,问书意,顺耳目,不逆志,求所谓时,辩说以论道,不苟辩"(《尊师》)。学生能够勤奋学习、刻苦钻研、虚心求教,就是对教师最大的尊敬。

其次,对教师要讲礼貌,"必恭敬,和颜色,审辞令,疾趋翔,必严肃"(《尊师》)。

最后,对教师的生活,在衣食住行等各方面都要细心照顾、周到地服侍,"视舆马,慎驾御;适衣服,务轻暖;临饮食,必蠲絜,善调和,务甘肥"(《尊师》),还要从事各种劳务中,给教师以必要的帮助。尊师的基本要求还有在学业和品德方面能够遵循师教。"尊师则不论其贵贱贫富","说义必称师以论道,听从必尽力以光明。听从不尽力,命之曰背;说义不称师,命之曰叛。背叛之人,贤主弗内(纳)之于朝,君子不与交友。"(《尊

师》)。

(五)提倡"和乐",反对"侈乐"

《吕氏春秋》一书中有八篇专门论述了音乐,作为音乐教育的主张主要是采自儒家的乐教理论。《吕氏春秋》首先从音乐的起源问题提出了"乐生于和"的观点,"音乐之所由来者远矣,生于度量,本于太一""万物所出,造于太一,化于阴阳。萌芽始震,凝滞以形。形体有处,莫不有声。声出于和,和出于适。和适,先王定乐,由此而生"(《大乐》),这是道家"太一生万物"思想的反映,也吸收了儒家乐生于和、生于平、生于适的思想。

《吕氏春秋》在音乐的社会作用和教育意义观点上几乎完全采纳了儒家的主张,认为音乐可以教化社会风尚,为政治统治服务。《适音》篇有"凡音乐通乎政,而移风平俗者也。俗定而音乐化之矣。故有道之世,观其音而知其俗矣,观其政而知其主矣。故先王必托于音乐以论其教。……先王之制礼乐也,非特以欢耳目、极口腹之欲也,将教民平好恶、行理义矣"。音乐可以安政事、平风俗、美人伦,对形成人的品德、培养人的志趣、陶冶人的性情都有着重要作用。"凡音者,产乎人心者也。感于心则荡乎音。音成于外而化乎内,是故闻其声而知其风,察其风而知其志,观其志而知其德。盛衰贤不肖,君子小人皆形于乐,不可隐匿。"音乐发自人的内心,又体现着一个人的作风、志向和德操,因此,音乐对人起着巨大的教育作用。所以古之先王"必托于音乐以论其教",十分重视发挥音乐的教育作用,音乐和音乐教育是"必不可废"的。

《吕氏春秋》同样也认为,乐"有节有侈,有正有淫",对于"节乐"和"正声"应大力提倡,应充分发挥其教育作用;对于"侈乐""淫声"则应坚决废止,防止其消极影响。

四、主张知士、爱士与举贤

《吕氏春秋》构造了一套治国治民的方略，其要点是提出"治天下也必先公"，反对"家天下"，主张"审民意""顺民心""忧民之利，除民之害"，赞赏以修身为本的"修齐治平"思想；向往禅让制，反对世卿世禄制；实行"虚君主制"，大力选贤任能，"君也者处虚，故能使众智也""大圣无事而千官尽能"（《君守》），在这些政治主张中贯串着贤才治国的思想，直接提出了"贤主劳于求人。而佚于治"的主张。

《吕氏春秋》首先提出了得贤才对于治政的重要性，《求人》中有"身定国安天下治，必贤人。古之有天下也，七十一圣，观于春秋，自鲁隐公以至哀公，十有二世，其所以得之，所以失之，其术一也，得贤人，国无不安，名无不荣；失贤人，国无不危，名无不辱"。《先识》中有"凡国之亡也，有道者必先去，古今一也，地从于城，城从于民，民从于贤。故贤主得贤者而民得，民得而城得，城得而地得"。国家大事，千头万绪，进贤举能应摆在重要位置，"求之其本，经旬必得；求之其末，劳而无功。其本在得贤"，要想求得贤才，必须善于知人识才。《吕氏春秋》指出，为了取得贤才，必须要有善于识才之人，所以，"得十良马，不若得一伯乐，得十良剑，不若得一欧冶，得地千里，不若得一贤人"。

《吕氏春秋》也为此提出了一套知人识才的方法，主张对人才进行全面考察，统称为"八观六验""六戚四隐"。"通则观其礼，贵则观其进，富则观其所养，听则观其所行，止则观其所好，习则观其所言，穷则观其所受，贱则观其所为；喜之以验其守，乐之以验其僻，怒之以验其节，惧之以验其特，哀之以验其人，苦之以验其志"。就是要在各种环境和条件下，全面观察考验其品德、志向、学识、才能。这就是"八观六验"。考察其在家里、邻居、亲友之中为人处世、待人接物的种种表现为"六戚四隐"。只有这样，才能真正做到知人善任。还特别指出，必须要尊重、爱护和关心人才，才能使"士尽力竭智"，充分发挥其才智。首先，必须尊重人才，有些贤能之士往往清高孤傲，若对其冷淡、厌弃，必然会失之；若给以应有的尊重，也会使其归从效力。《吕氏春秋》还提出对人才不要求全责备，要善于发挥各人之长，使有一技一能者都得到施展其才智的机会，反对因小失大、压制人才。

《吕氏春秋》中的教育思想还包括关于道德教育的思想，它提倡"尚德""高义""至忠""孝廉""贵公""贵直""贵信""去私""务大""博志"等等，提出了道德教育的内容、标准和具体要求，这些都是十分丰富的。

第三部分 《吕氏春秋》选编

吕氏春秋的教育智慧

一、贵公

【原文】

昔先圣王之治天下也,必先公,公则天下平矣,平得于公。尝试观于上志,有得天下者众矣,其得之以公,其失之必以偏。凡主之立也,生于公。故《鸿范》①曰:"无偏无党,王道荡荡。无偏无颇,遵王之义。无惑作好,遵王之道。无惑作恶,遵王之路。"

天下非一人之天下也,天下之天下也。阴阳之和,不长一类。甘露时雨,不私一物。万民之主,不阿一人②。伯禽将行,请所以治鲁,周公曰:"利而勿利也。"荆人有遗弓者,而不肯索,曰:"荆人遗之,荆人得之,又何索焉?"孔子闻之曰:"去其荆而可矣!"老聃闻之曰:"去其人而可矣!"故老聃则至公矣。

天地大矣,生而弗子,成而弗有,万物皆被其泽,得其利,而莫知其所由始。此三皇五帝之德也③。

管仲有病④,桓公往问之,曰:"仲父之疾病矣。渍甚⑤,国人弗讳,寡人将谁属国⑥?"

管仲对曰:"昔者臣尽力竭智,犹未足以知之也,今病在于朝夕之中,臣奚能言?"

桓公曰:"此大事也,愿仲父之教寡人也!"管仲敬诺曰:"公谁欲相?"公曰:"鲍叔牙可乎?"管仲对曰:"不可!夷吾善鲍叔牙。鲍叔牙之为人也,清廉洁直,视不己

若者，不比于人；一闻人之过，终身不忘。勿已，则隰朋其可乎⑦？""隰朋之为人也，上志而下求，丑不若黄帝，而哀不已若者；其于国也，有不闻也；其于物也，有不知也；其于人也，有不见也；勿已乎，则隰朋可也。"

夫相，大官也。处大官者，不欲小察，不欲小智。故曰："大匠不斫，大庖不豆，大勇不斗，大兵不寇。"

桓公行公去私恶，用管子而为五伯长；行私阿所爱，用竖刁而虫出于户⑧。

人之少也愚，其长也智。故智而用私，不若愚而用公。日醉而饰服⑨，私利而立公，贪戾而求王，舜弗能为。

【注释】

①《鸿范》：《尚书·周书》中的一个篇名。

②阿：偏袒，庇护。

③三皇五帝：都是指古代的贤明君王。三皇一般认为是太昊伏羲氏、炎帝神农氏、皇帝有熊氏，五帝则是指少昊、颛顼、帝喾、尧、舜。

④管仲：春秋初期政治家。名夷吾，字仲。曾辅佐齐桓公成为"春秋五霸"之一，被桓公尊为"仲父"。

⑤渍：沾染。

⑥属：通"嘱"，托付，请托。

⑦隰朋：齐国大夫。

⑧竖刁：齐桓公近臣，管仲死后，与易牙、开方专权。

⑨饰：整治。

吕氏春秋的教育智慧

【译文】

　　古代圣明帝王治理天下，首先必须要公正，公正就能治理好天下。由此可见，天下太平来自于公正。翻一翻古代的典籍，发现得到天下的人很多，他们得到天下是由于公正，他们失去天下是由于不公。所以，天子的确立出自于公正。因此，《尚书·鸿范篇》里说："不偏私不结党，王道平坦又宽广。公正无偏颇，谨守先王之法。不谋私利，谨遵先王之道，不作恶，沿着先王的道路走下去。"

　　天下不是一个人的天下，是天下人的天下。天地间的阴阳和气，不只是滋养一类生物。甘露和时雨，也不只是给某一类生物。所以，作为万民之主的天子，也该不偏私于任何一人。伯禽将要到封地去以前，请教周公该怎样治理鲁国。周公说："为百姓谋利而不为自己谋利。"荆人中有人掉了弓，却不愿去找回，他说："一个荆人掉了，另一个荆人拾到，有什么必要找呢？"孔子听到后，说："去掉其中的荆字就行了。"老子听说后，说："去掉其中的人字就可以了。"由此可见，老子是最无私的。

　　天地真是伟大啊！生育万民却不以万民为子，生成万物却不独占，世间万事万物都受它的滋养，得它的好处，却从不追究这些滋养和好处是从哪里来的，这正是三皇五帝的美德啊！

　　管仲生病后，齐桓公前往探视，说道："您的病已经很严重了，国人都在议论您不久于人世，您百年之后，我用谁为相好呢？"

· 27 ·

中国古代教育智慧

管仲说："以前我用尽心智也没有找到完全适合的人选,现在我病情严重,危在旦夕又能说什么呢?"

齐桓公说:"这是件大事,还请您不吝赐教。"管仲恭敬地回答:"您想以谁为相国?"齐桓公说:"鲍叔牙可以吗?"管仲答道:"不可以!我了解鲍叔牙这个人。鲍叔牙为人清正廉明,看不起不如自己的人,不会和他们亲近;听说别人的过失,会一辈子记在心里。如果实在要我说,那么隰朋可以吗?隰朋做人能听取比自己强的人的建议,也会征求不如自己的人的意见;以不如黄帝贤明而羞耻,也能为不如自己的人着想;对于治国,不该他知道的,他不去打听;对于事物,不该他管的,他不去了解;对于人,可以原谅的,他装做没看见,实在要我说的话,我认为隰朋还行。"

相国是大官,做大官的,就不要盯住小事情,不要耍弄小聪明。所以说:"大匠人不用刀斧,大厨师不用刀俎,大勇之人不争强斗勇,正义之师不侵犯他人。"

齐桓公不存私心,公正办事,任用管仲,成为春秋五霸之首;当他内存私心,偏向宠爱的人,用竖刁专政时,死后尸虫都爬出棺木也未能下葬。

人年轻时混沌未开,到年长时会变聪明。所以,聪明的人用偏私处事,还不如愚昧的人公正办理。整日醉酒,却想整治丧礼;自私自利,却想树立公正;贪得无厌,残暴狠戾却想

· 28 ·

称王天下，就是舜这样的圣人也办不到。

【故事】

帝尧让贤

帝尧，是儒家所标榜的贤君典范。孔子在《论语》中说："惟天为大，惟尧侧之。荡荡乎，民无能名焉。"司马迁在《史记》中评价帝尧曰："其仁如天，其知如神。就之如日，望之如云。富而不骄，贵而不舒。"帝尧在主政期间，派神箭手后羿射日、派鲧治水、制定历法、整饬百官、寻贤访圣的传说和故事，至今仍流传在中华大地，已成为研究中国远古文化的重要资料。

帝尧，也是中国最早实施民主政治的典范。进入临汾尧庙，那里有座令人遐想沉思的五凤楼。高大雄伟的五凤楼，建于一千三百多年前的唐代。五凤楼的得名，源于传说中的"五凤"。上古时期，帝尧和他的四个大臣（两位阁老、两位辅臣）经常会共同出行。尤爱共同登高远眺，一边欣赏风景，一边议论时政。当时的人们，就把帝尧和他的四位大臣比喻为"五凤"，并有"一凤升天，四凤齐鸣"之说。五凤之间，虽然有主次之分，但彼此间畅所欲言、民主议政、指点江山的风气堪为后世典范，因而才有了后来的五凤楼。民主政治，最主要的标志是在继承人的选择上。是任人唯亲，还是任人唯贤，以此把民主与非民主区别开来。帝尧显然属于后者。据说帝尧的儿

尧

中国古代教育智慧

舜帝

舜,三皇五帝之一,名重华,字都君,生于姚墟,故姚姓。以受尧的"禅让"而称帝于天下,其国号为"有虞",故号为"有虞氏帝舜"。帝舜、大舜、虞帝舜、舜帝皆虞舜之帝王号,故后世以舜简称之。

子叫丹朱,傲慢残忍,荒淫无度。帝尧对他极为痛恨。当帝尧年老的时候,一些拍马屁的人站出来说,丹朱是名正方顺非常合适的继承人。帝尧毫不犹豫就否决了这项提议。为了寻找合适的继承人,帝尧四处访贤。当他走到历山的时候,发现当地的庄稼长势良好、百姓安居乐业,人们对部落首领舜赞不绝口。帝尧欣喜之余,并没有马上做出决定,而是对舜开始了为期三年的考察。尧把自己的两个女儿嫁给舜,深入家庭内部考察舜的为人;把九位男子派到舜的部落,与其共处,从外部考察他的才干。三年以后,内外反映一致良好,帝尧这才决定把帝位"禅让"于舜,而没有传给他的儿子丹朱。

帝尧认为,"禅让"于舜是天下得利而一人无利,传位于丹朱是一人得利而天下无利。如此天下为公的思想,成为了中国最早民主政治的佳话。后来的事实证明帝尧的决定是非常正确的。舜继位后,把帝尧的民主政治之风进一步发扬光大,而且,舜在选择继承人的问题上也采取了民主的"禅让"制方式,把帝位传给了有作为的大禹。

二、贵生

【原文】

圣人深虑天下，莫贵于生。夫耳目鼻口，生之役也。耳虽欲声，目虽欲色，鼻虽欲芬香，口虽欲滋味，害于生则止。在四官者不欲，利于生者则弗为。由此观之，耳目鼻口，不得擅行，必有所制，譬之若官职，不得擅为，必有所制，此贵生之术也。

尧以天下让于子州支父^①，子州支父对曰："以我为天子犹可也。虽然，我适有幽忧之病，方将治之，未暇在天下也。"天下，重物也，而不以害其生，又况于它物乎！惟不以天下害其生者，可以托天下。

越人三世杀其君，王子搜患之^②，逃乎丹穴。越国无君，求王子搜而不得。从之丹穴^③，王子搜不肯出，越人熏之以艾，乘之以王舆。王子搜援绥登车^④，仰天而呼曰："君乎！独不可以舍我乎？"王子搜非恶为君也，恶为君之患也。若王子搜者，可谓不以国伤其生矣。此固越人之所欲得而为君也。

鲁君闻颜阖得道之人也，使人以币先焉。颜阖守闾，鹿布之衣，而自饭牛^⑤。鲁君之使者至，颜阖自对之。使者曰："此颜阖之家邪？"颜阖对曰："此阖之家也。"使者致币，颜阖对曰："恐听缪而遗使者罪，不若审之！"使者还，反审之，复来求之，则不得

已。故若颜阖者,非恶富贵也,由重生恶之也。世之人主,多以富贵骄得道之人,其不相知,岂不悲哉!

故曰:道之真,以持身;其绪余,以为国家;其土苴⑥,以治天下。由此观之,帝王之功,圣人之余事也,非所以完身养生之道也。今世俗之君子,危身弃生以徇物⑦,彼且奚以此之也?彼且奚以此为也?

凡圣人之动作也,必察其所以之,与其所以为。今有人于此,以隋侯之珠⑧,弹千仞之雀,世必笑之。是何也?所用重,所要轻也。夫生岂特隋侯珠之重也哉。

子华子⑨曰:"全生为上,亏生次之,死次之,迫生为下。"故所谓尊生者,全生之谓也;所谓全生者,六欲皆得其宜也;所谓亏生者,六欲分得其宜也⑩。亏生则于其尊之者薄矣!其亏弥甚者也,其尊弥薄。所谓死者,无有所以知,复其未生也。所谓迫生者,六欲莫得其宜也,皆获其所甚恶者,服是也,辱是也。

辱莫大于不义,故不义,迫生也,而迫生非独不义也,故曰:迫生不若死。奚以知其然也。耳闻所恶,不若无闻;目见所恶,不若不见,故雷则掩耳,电则掩目,此其比也。凡六欲者,皆知其所甚恶,而必不得免,不若无有所以知。无有所以知者,死之谓也,故迫生不若死。嗜肉者,非腐鼠之谓也;嗜酒者,非败酒之谓也;尊生者,非迫生之谓也。

吕氏春秋的教育智慧

【注释】

①子州支父：古代贤人，相传尧曾想禅天子之位于他，不受。

②王子搜：越王翳之子无颛。

③丹穴：朱砂矿井。

④绥：登车时用以拉手的绳。《论语·乡党》："升车，必正立执绥。"

⑤颜阖、饭牛：颜阖，战国时期鲁国贤人。饭牛，喂牛。因宁戚饭牛击角而商歌，为齐桓公举用，后多用饭牛为贤才求用之典。

⑥土苴（jū）：粪草。比喻轻贱之物。

⑦徇：通"殉"，以身从物。司马迁《报任安书》："常思奋不顾身以徇国家之急。"

⑧隋侯之珠：即"隋侯珠"，大蛇衔来报隋侯救命之恩的宝珠，极其珍贵。

⑨子华子：亦称华子。战国时哲学家，魏国人。继承并发扬了杨朱的"为我"思想，由贵生而偏重养生之道，思想接近于道家。

⑩分：一半。《列子·周穆王》："人生百年，昼夜各分。"

【译文】

圣人深刻思考，发现天下的事物没有比生命更珍贵的。眼耳口鼻，是生命的仆役。即使眼睛想看美色、耳朵想听美声、鼻子想闻芬芳的香味、嘴巴想吃美味，如果对生命有害，就不会去看、去听、去闻、去尝。四种器官不想要的，一旦对生命有利，就不会不去做。由此看来，眼耳口鼻，不能独断专行，都会受些制

· 33 ·

中国古代教育智慧

约,就好比分官设职,不能恣意妄为,要受节制一样,这就是贵生的法子。

尧禅让天下给子州支父,子州支父说:"让我做天子,也不是不行。只是,我正害着很顽固的病,正要抓紧时间治疗,没有空闲来治理天下。"治理天下是大事,尚且不让它来危害自己的生命,更何况是别的东西呢!只有不让治理天下来拖累自己身体的人,才可以把天下托付给他。

越国人连续杀掉了三世君王,因而王子搜害怕了,逃到朱砂矿井里藏了起来。越国没有君王,到处找不到王子搜。找到朱砂矿井,王子搜却不肯从矿井里出来,越国人只好用艾草熏,然后,用君王的车帐把他迎回朝中。王子搜拉着绥绳登上马车的时候,仰天长叹道:"君王啊!为什么偏偏不让我逃脱啊?"王子搜并不是讨厌做君王,而是害怕当君王会被杀掉。像王子搜这样的人,可以说是不因为国家而伤害自己生命的人了。这也是越国人要王子搜做君王的原因。

鲁国君王听说颜阖是得道的贤人,于是派人用钱财来请他。颜阖守里弄大门,穿粗陋的衣服,自己在喂牛。鲁国国君派出的使者到时,颜阖亲自接待了他。使者说:"这是颜阖的家吗?"颜阖回答说:"正是。"在使者交付钱财的时候,颜阖对他说:"恐怕弄错会使你受责罚,还是再回去核实一下的好!"于是使者带着钱财,回去核实无误后,又来登门拜访,但却找不着颜阖了。本来像颜阖这样的人，并不是讨厌富贵，而是由于看重生命才讨厌它的。世间的君主，多数只知用富贵来娇宠有道的贤人，如此不了解得道的贤人，难道不觉得悲哀吗？

所以说，道的本真主要是保全生命的完美，而残余的才用来治理国家，将其中的糟粕，用来治理天下。由此可见，帝王的赫赫功劳，对圣人来说不足挂齿，不是怡养生命、保全身体的好方法。当今世俗的君子，为追求身外之物不惜伤害自己的身体、舍弃自己的性命，他们这样做想要什么结果呢，他们这样做是为什么呢？

大凡圣人要做一件事之前，一定会先考察它的结果和做它的理由。现在，如果有个人，用珍贵的隋侯珠去弹高空的鸟雀，世人一定会笑话他。为什么呢？因为所耗费的很贵重，追求的却很轻贱。生命哪里只有隋侯珠那么贵重！

子华子说："保全完美的生命最好，亏损生命次一等，舍生取义的死又次一等，苟且偷生最差。"所以，所谓尊生，说的就是全生；所谓全生，指的是人的欲望都得到了恰当的满足；所谓亏生，就是指人的欲望只有一半得到恰当的满足。亏生就是薄待自己所看重的生命啊！亏生越厉害，对生命也就越薄待。所谓舍生取义的死，是对六欲一无所知，又恢复到人还没有出生的状态。所谓苟且偷生，是人的欲望没有一个得到恰当的满足，得到的都是些令人生厌的东西，就是屈服、耻辱。

吕氏春秋的教育智慧

中国古代教育智慧

伯夷叔齐

耻辱没有大过不义的，所以，不义逼迫生命，使人苟且偷生，而逼迫生命的又不止不义一个，所以说：苟且偷生不如为义舍生。为什么这样说呢？耳朵听到的是令人生厌的声音，还不如不听；眼睛看到的东西令人生厌，还不如不看。所以，在雷鸣的时候，人会掩住耳朵；有闪电时，人会遮住眼睛，这只是一种类比。大凡人对欲望，都知道最令人生厌的是什么，如果最终不能避免它们，还不如对人的欲望一无所知。对人的欲望一无所知，说的就是为义舍生，所以说苟且偷生不如为义舍生。喜欢吃肉的，并不是连腐烂的老鼠也喜欢；喜欢喝酒的，并不是连腐败的酒都爱喝；看重生命，也并不是说要苟且偷生。

【故事】

伯夷、叔齐不食周粟

伯夷和叔齐是古代孤竹国君的两个儿子。父亲原想立叔齐来继承君位，而父亲死后叔齐不想当君王，想把君位让给大哥伯夷。伯夷说："这是父亲的遗命，不能改。"于是便逃走了。叔齐不肯继承君位，也逃走了。

吕氏春秋的教育智慧

他们二人居住在北海之滨和东夷人一起生活。后两人都投奔到周,赶上周武王伐纣,伯夷兄弟二人拦马谏阻周武王,武王不接受他们的谏阻,伯夷和叔齐一气之下便跑到首阳山上隐居了起来。后来听说武王灭了纣,两位老先生感到吃周朝的粮食可耻,便每天采些薇菜来充饥。

一天,两个人正在山上采薇,遇到一个妇人走过来问他们说:"我听说你们二位都是贤人,为了大义而耻于吃周朝的粮食,可是你们采的这薇菜也是周家的呀,为什么又要吃它呢?"问得两个人羞愧难当,无话可说,感情上受到了很大刺激,从此身体一天天瘦弱下去。每当采薇时,耳边就回荡起那个妇女的声音。于是,他们便什么也不吃,吟诵着:"登彼西山兮,采其薇矣。以暴易暴兮,不知其非矣。神农虞夏,忽焉没兮……"最后饿死了。

采薇图 南宋 李唐(局部)

该图是以殷末伯夷、叔齐"不食周粟"的故事为题而画的。

三、圜道

【原文】

天道圜，地道方，圣人法之，所以立上下①。何以说天道之圜也？精气一上一下，圜周复杂②，无所稽留，故曰天道圜。何以说地道之方也？万物殊类殊形，皆有分职，不能相为，故曰地道方。主执圜，臣处方，方圜不易，其国乃昌。

日夜一周，圜道也。月躔二十八宿，轸与角属，圜道也③。精行四时，一上一下各与遇，圜道也。物动则萌，萌而生，生而长，长而大，大而成，成乃衰，衰乃杀，杀乃藏，圜道也。云气西行云云然冬夏不辍；水泉东流，日夜不休。上不竭，下不满，小为大，重为轻，圜道也。黄帝曰："帝无常处也，有处者乃无处也。"以言不刑蹇④，圜道也。

人之窍九，一有所居则八虚。八虚甚久则身毙。故唯而听，唯止；听而视，听止。以言说一。一不欲留，留运为败，圜道也。

一也齐至贵，莫知其原，莫知其端，莫知其始，莫知其终，而万物以为宗。圣王法之，以令其性，以定其正⑤，以出号令。令出于主口，官职受而行之；日夜不休，宣通下究，瀸于民心⑥，遂于四方，还周复归，至于主所，圜道也。

令圜，则可不可，善不善无所壅矣。无所

壅者，主道通也。故令者人主之所以为命也，贤不肖安危之所定也。

人之有形体四枝⑦，其能使之也，为其感而必知也；感而不知，则形体四枝不使矣。人臣亦然，号令不感，则不得而使矣；有之而不使，不若无有！主也者，使非有者也，舜、禹、汤、武皆然。

先王之立高官也，必使之方。方则分定，分定则上下不相隐。尧、舜贤主也，皆以贤者为后，不肯与其子孙；犹若立官必使之以方。今世之人主⑧，皆欲世勿失矣，而与其子孙。立官不能使之方，以私欲乱之也。何哉？其所欲者之远，而所知者之近也。

今五音之无。不应也，其分审也⑨。宫徵商羽角，各处其处，音皆调均⑩，不可以相违，此所以无不受也。贤主之立官，有似于此。百官各处其职，治其事，以待主，主无不安矣。以此治国，国无不利矣；以此备患，患无由至矣。

【注释】

①上下：旧时指长幼、尊卑，此处指君臣。

②杂：通"匝"，循环一周。《淮南子·诠言训》曰："以数杂之寿，忧天下之乱。"

③躔、二十八宿、轸：躔（chán），日月星辰运行的度次。《汉书·律历志上》曰："日月初躔。"二十八宿，分布于黄道、赤道附近一周天的二十八颗星官，包括东方苍龙七宿、北方玄武七宿、西方白虎七宿、南方朱鸟七宿。轸，南方朱鸟七宿之尾。

④刑蹇(jiǎn):停止不动。

⑤正:通"政"。《荀子·儒效》曰:"行礼要节而安之,若生四枝。"

⑥宣、究、濈(jiān):宣,普遍。《管子·小匡》曰:"公宣问其乡里而有考验。"究,穷尽,终极。濈,和洽。

⑦枝:通"肢",肢体。

⑧世:父子相继。《周礼·秋官·大行人》曰:"世相朝也。"

⑨审:详尽细密,明确。

⑩均:调节乐器的用具。

【译文】

天道为圆,地道为方,圣人效法它们,用来建立君臣关系。为什么说天道是圆的呢?精气上上下下,一周又一周循环,从不停留。所以说,天道是圆的。为什么说地道是方的呢?世间各种生物不同种类不同形状,各有职责和特点,不能相互替代。所以说,地道是方的。君主治国用圆道,大臣处事用方道,方道和圆道不互相混淆,国家才能繁荣昌盛。

太阳运转一周,是圆道。月亮绕过二十八颗星宿,从角星到轸星,轸星和角星相接,是圆道。日月循环运行,四季更替,天地一上一下相互契合,是圆道。万物内生生机就会萌芽,萌芽就会生苗,生苗就会生长,生长就会长大,长大就会成熟,成熟就会衰败,衰败就会死亡,死亡就会灰飞烟灭归于无形,这也是圆道。云气滚滚向西行,冬夏不停;泉水缓缓

吕氏春秋的教育智慧

向东流,日夜不停。上游水流不竭,下游永远注不满,小水积成大流,水流重又蒸发为气,是圆道。黄帝说:"天不固定在一个地方,如果固定在一个地方,天就没在自己该在的地方,就失职了。"这就是说,"天不能停止不动",是圆道。

人有九窍,如果有一窍阻塞了,其余八窍就会生病,八窍生病时间长了人就会死亡。所以,如果又要答应又要听,就不答应;又要听又要看,就不听。这是说不要阻塞一窍。万物的本质是运动,一旦停止运动就会衰败,是圆道。

作为万物本质的道,地位至尊,没有人知道它的本来面目,没人知道它的缘由,没人知道它的开始,没人知道它的结局。万物却以它为本。圣贤君主从中取法,来提高自己的德性,制定自己的政策,拟定自己的号令。号令从君主的口中说出,众官员分职领令去实行:日夜不停,彻底领会,传达得妇孺皆知,与民心和洽,遍及四方之地,然后逐级反馈,最后到达君王,是圆道。

号令传达能循环往复,那么,不可能的也会变可能,不好的也会变好,可能与不可能、好与坏之间不会有什么阻塞。没有阻塞,君主之道就会通行无阻。所以,号令是君主视为生命的东西,是判定君主贤明不贤明、国家安稳与否的依据。

人有身体四肢,大脑能使唤它们,因为它们有感觉就会反馈给大脑,形成知觉;如果

只能感觉而不能形成知觉，身体四脚就不会听使唤。大臣也一样，对号令不能领会，就不能正确施行；有号令却不能正确使用，还不如没有！作为君主，不只要使用自己的旧臣，舜、禹、商汤、周武都是这样。

古代帝王设立官职，必定使他们职责清楚。职责明晰，名分就定了，名分定了就能君臣坦诚相待，没有私心杂念。尧、舜是贤明的君主，都立贤明的人为继承人，不肯立自己的子孙，犹如设官职使其职责明晰一样。现在的君主，都想皇位子孙相传，不落入他人之手，把皇位传给子孙。设立官职之所以不能使其职责分明，是因为私心扰乱了它。为什么呢？他们贪求的目标太远大，眼光却短浅如鼠。

五音调和，是由于它们的职责明确。宫、徵、商、羽、角，各自在各自的位置，音调都合于均，没有相互混淆，这就是五音调和的原因。贤明的君主设立官职，与此相似。百官各守其职责，处理自己职责范围内的事，报效君主，君主自然安宁。用这种方法治理国家，国家没有不受益的；用来防祸患，祸患没有可乘之机。

【故事】

齐桓公重用管仲成霸业

春秋时期的管仲是我国历史上著名的政治家。他辅佐齐桓公，九合诸侯，一匡天下，成就了齐桓公的霸业。但是管仲以前曾是齐桓公的政敌。齐桓公名小白，其前任是他的兄长齐襄公，他把齐国搞得一塌糊涂，诸公子纷纷逃亡，以避灾难。公子小白与心腹鲍叔牙投奔莒国，弟弟公子纠则同心腹管仲投奔了鲁国。不久，国内发生政变，齐襄公被杀。公子小白和公子纠得知消息后，分别由他们所在的国家派遣军队，护送他们回国。为了帮助公子纠夺得齐国君位，管仲单人匹马驰向通往莒国的大道，奋力追赶上了公子小白，趁其不备，猛发一箭，直向小白心窝射去，公子小白大叫一声，从车上栽了下来。管仲大喜过望，急忙策马而逃。管仲赶上公子纠的队伍后，把事情对公子纠讲了。他们以为政敌已除，于是便不紧不慢地向齐国进发。但是当他们赶到齐国首都临淄时，却得知小白已经登基为国君了。原来小白并没有死，那一箭正射在他腰带的铜钩上，其幸运地躲过了劫难。

　　小白即位，是为齐桓公。齐桓公即位以后，要封鲍叔牙为相，鲍叔牙却向齐桓公极力推荐管仲。他对齐桓公说："管仲之才，胜我百倍，君若欲大展宏图，非管仲莫属。"齐桓公也知道管仲是旷世奇才，又见鲍叔牙竭诚推荐，于是便决定摒弃前嫌，重用管仲。为了能让管仲回国，齐桓公派人对鲁国国君说，杀掉公子纠，缚送管仲回国，以报一箭之仇。若不应允，即兴兵伐鲁。鲁国弱小，只得照办，杀了公子纠，把管仲捆绑起来，装入囚车，送回了齐国。管仲自以为必死无疑，他早已置生死于度

吕氏春秋的教育智慧

管仲

　　管仲（？—前645年），名夷吾，又名敬仲，字仲，春秋时期齐国著名的政治家、军事家，颍上（今安徽颍上）人。经鲍叔牙力荐，为齐国上卿（即丞相），被称为"春秋第一相"，辅佐齐桓公成为了春秋时期的第一霸主。死后，葬于临淄（今淄博市临淄区）牛山北麓。

中国古代教育智慧

齐桓公

春秋时齐国国君（？—前643年），姜姓，名小白。其兄齐襄公被杀后，由莒回国即位。任用管仲改革，选贤任能，加强武备，发展生产。号召"尊王攘夷"，助燕败北戎，援救邢、卫，阻止狄族进攻中原，国力强盛。联合中原各国攻楚之盟国蔡，与楚在召陵（今河南郾城东北）会盟。又安定周朝王室内乱，多次会盟诸侯，成为春秋五霸之首。

外，大义凛然，泰然处之。哪知当他被押进宫廷时，齐桓公快步走下座位，亲自为他松绑，当即拜他为宰相。齐桓公的这一举动使管仲深受感动，从此他尽心辅佐齐桓公，大刀阔斧进行改革，结果齐国大治、国力大增。管仲又建议齐桓公打出"尊王攘夷"的旗号，存邢救卫，九合诸侯，最后终于称霸天下，成为了春秋时期的五霸之首。

四、诬徒

【原文】

达师之教也①,使弟子安焉、乐焉、休焉、游焉、肃焉、严焉。此六者得于学,则邪辟之道塞矣,理义之术胜矣;此六者不得于学,则君不能令于臣,父不能令于子,师不能令于徒。

人之情,不能乐其所不安,不能得于其所不乐。为之而乐矣,奚待贤者,虽不肖者犹若劝之。为之而苦矣,奚待不肖者,虽贤者犹不能久。反诸人情,则得所以劝学矣。

子华子曰:"王者乐其所以王,亡者亦乐其所以亡,故烹兽不足以尽兽,嗜其脯则几矣!"然则王者有嗜乎理义也,亡者亦有嗜乎暴慢也②。所嗜不同,故其祸福亦不同。

不能教者,志气不和,取舍数变,固无恒心,若晏阴喜怒无处③。言谈日易,以恣自行;失之在己,不肯自非;愎过自用,不可证移。见权亲势及有富厚者,不论其材,不察其行,驱而教之,阿而谄之,若恐弗及。弟子居处修洁,身状出伦④,闻识疏达,就学敏疾,本业几终者,则从而抑之,难而悬之⑤,妒而恶之。弟子去则冀终,居则不安,归则愧于父母兄弟,出则惭于知友邑里,此学者之所悲也,此师徒相与异心也。人之情,恶异于己者,此师徒相与造怨尤也⑥。人之情,不能亲其所怨,不能誉其所恶,学业之败也,道术之

废也,从此生矣!

善教者则不然,视徒如己,反己以教,则得教之情也。所加于人,必可行于己,若此则师徒同体。人之情,爱同于己者,誉同于己者,助同于己者,学业之章明也,道术之大行也,从此生矣。

不能学者,从师苦而欲学之功也⑦,从师浅而欲学之深也。草木鸡狗牛马,不可谯诟遇之⑧,谯诟遇之,则亦谯诟报人,又况乎达师与道术之言乎!

故不能学者,遇师则不中,用心则不专,好之则不深,就业则不疾,辩论则不审,教人则不精。于师愠,怀于俗,羁神于世,矜势好尤,故湛于巧智,昏于小利,惑于嗜欲,问事则前后相悖,以章则有异心,以简则有相反,离则不能合,合则弗能离,事至则不能受,此不能学者之患也。

【注释】

①达:通达事理。

②暴慢:残暴傲慢。

③晏:晴朗。《汉书·扬雄传上》曰:"于是天清日晏。"

④伦:类,同类。《礼记·曲礼下》曰:"拟人必于其伦。"

⑤悬:遥远,远隔。此指疏远。

⑥怨尤:怨恨责怪。语出《论语·宪问》曰:"不怨天,不尤人。"

⑦苦:粗劣。

⑧谯诃:粗暴、过分的意思。

【译文】

通达事理的老师施行教育,使他们安心、快乐、安闲、从容、庄重、严肃。这六个方面贯串在学习中,通往邪恶的路就会被堵死,真理正义就会大行其道。如果不能贯串在学习中,那么君主不能命令臣下,父亲不能命令儿子,老师不能命令学生。

实际上,人不能从不安心的事中得到快乐,不能从不快乐的事中得到满足。一做就能得到快乐,何必非要贤明的人呢,即使是愚笨的人也同样会努力去做。一做就觉得痛苦,不只是不肖之人,就是贤明的人也不会坚持多久。从人情类推,就知道该怎样劝人向学了。

子华子说:统一天下的喜欢干让他称王的事,亡国之君也喜欢做令他亡国的事。所以,烹煮野兽,并不是哪一块肉都煮,煮自己喜欢吃的部分就够了!然而,统一天下的人喜欢真理和正义,亡国之君却更喜欢残暴傲慢。他们嗜好不同,带来的祸福也不相同。

不能教育他人的老师,心态不平和,取舍不断变化,没有恒心,好比天气阴晴不定一样喜怒无常。一天换一个说法,只为替自己的放荡行径找借口;自己有过失,却不肯承认;刚愎自用,听不进劝谏。看到有权有势和富有的人家,不管他本质如何,不考察他的品行如何,赶紧跑过去教他,巴结奉承他,唯恐自己赶不上。自己的学生平时洁身自好,品貌出众,见

中国古代教育智慧

闻学识通达，学习东西迅速，在要毕业之前，却去扼制他，为难他，使之疏远，心生忌妒，讨厌他。使得学生想离开又希望能毕业，留下来又不能安心，回家去又愧对父母兄弟，出外又难见乡邻知己，这是令学生伤心的事，这也是师生不能同心同德的原因。实际上，人讨厌和自己不相同的，这是师生之间相互怨恨的原因。实际上，人不能亲近他怨恨的，不能赞誉他厌恶的，学业的滑坡，治道方术的废弛，从此就开始了。

而善于教育学生的人就不一样了，看待学生和自己一样，教育时设身处地为学生着想，深得教育之道。他要求学生的，自己首先能做到，如此，师生之间就能同心同德。实际上，人喜欢和自己相同的，赞誉和自己相同的，帮助和自己相同的，学业发扬光大，治道方法广泛使用，从此便开始了。

不善于学习的人，对待老师不忠诚，跟随老师学得粗劣却想知识精善，学得浅显却想学识精深。草木鸡狗牛马，都不可不真心对待，如果不真心对待，它们也会不真心待人，又何况是通达事理的老师和治道方法的言论呢？

所以不会学习的人，对待老师不忠诚，用心不专，喜好却不深入，进境缓慢，辩论时分不清是非，教育他人就不准确。怨恨老师，流于俗务，整天为世俗小事费神，夸耀权势，好归咎他人，所以喜欢玩小聪明，为小利所迷，为自己的嗜好和欲望所惑乱，处理事情就前后

· 48 ·

抵触，写文章就观点不统一，编撰书稿就任意篡改，合拢就分不开，分开就合不拢，再用心也不能有收获，这是不善于学习的危害啊！

【故事】

孔子因材施教

有一天，孔子的弟子子路对孔子说："先生所教的仁义之道，真是令人向往！我所听到的这些道理，应该马上去实行吗？"

孔子说："你有父亲兄长在，他们都需要你去照顾，你怎么能听到这些道理就去实行呢！"孔子恐怕子路还未孝养父兄，就去杀身成仁了。

过了一会儿，冉有也来问："先生！我从您这里听到的那些仁义之道，就应该立即去实行吗？"

孔子说："应该听到后就去实行。"

站在一边的弟子公西华被弄糊涂了，先生常教导学生要言行一致，不可巧言令色，可他自己怎么说话前后不一致了呢？

他不由得问孔子："先生！子路问是否闻而后行，先生说有父兄在，不可以马上就行。冉有问是否闻而后行，先生说应该闻而即行。我弄不明白，请教先生？"

孔子说："冉有为人懦弱，所以要激励他的勇气。子路武勇过人，所以要中和他的暴性。"因材施教，是孔子教育学生所遵循的准则，也正是因为他这样的教育方式才使其弟子闻名天下。

孔子雕像

孔子（前551年—前479年），名丘，字仲尼，春秋时期鲁国人，孔子是春秋末期的政治家、思想家、教育家。他是儒家学派的创始人，世界十大思想家之一，有"万世师表"之称。

中国古代教育智慧

五、大乐

【原文】

音乐之所由来者远矣!生于度量①,本于太一。太一出两仪②,两仪出阴阳。阴阳变化,一上一下,合而成章③;浑浑沌沌④,离则复合,合则复离,是谓天常。天地车轮,终则复始,极则复反,莫不咸当。日月星辰,或疾或徐,日月不同,以尽其行。四时代兴,或暑或寒,或短或长,或柔或刚。

万物所出,造于太一,化于阴阳。萌芽始震⑤,凝寒以形。形体有处,莫不有声。声出于和,和出于适⑥。先王定乐,和适由此而生。

天下太平,万物安宁,皆化其上,乐乃可成。成乐有具,必节嗜欲。嗜欲不辟⑦,乐乃可务。务乐有术,必由平出。平出于公,公出于道,故惟得道之人,其可与言乐乎!

亡国戮民,非无乐也,其乐不乐。溺者非不笑也,罪人非不歌也,狂者非不武也⑧。乱世之乐有似于此,君臣失位,父子失处,夫妇失宜,民人呻吟,其以为乐也,若之何哉!

凡乐,天地之和,阴阳之调也。始生人者,天也。人无事焉,天使人有欲,人弗得不求;天使人有恶,人弗得不辟。欲与恶,所受于天也,人不得与焉,不可变,不可易。世之学者,有非乐者矣,安由出哉?

大乐,君臣父子长少之所欢欣而说也。

吕氏春秋的教育智慧

欢欣生于平，平生于道。道也者，视之不见，听之不闻，不可为状。有知不见之见，不闻之闻，无状之状者，则几于知之矣。道也者，至精也，不可为形，不可为名，强为之谓太一。

故一者也制令⑨，两也者从听。先圣择两法一，是以知万物之情。故能以一听政者，乐君臣，和远近，说黔首⑩，合宗亲；能以一治其身者，免于灾，终其寿，全其天；能以一治其国者，奸邪去，贤者至，成大化；能以一治天下者，寒暑适，风雨时，为圣人。故知一则明，两则狂。

【注释】

①度量：计量长短或容量的标准。此指古代正音律的律吕。

②两仪：指天地。

③章：形状，形体。

④浑浑沌沌：浑浑，水流盛大的样子。沌沌，水流汹涌的样子。浑浑沌沌，指不停变化。

⑤震：通"娠"，怀孕。

⑥适：节奏。

⑦辟：通"僻"，邪僻。

⑧武：古代用于祭祀的"六舞"之一，是表现武王战胜商纣王的乐舞。

⑨一：指万物的普遍本质，即"道"。

⑩黔首：战国及秦代时对于人民的称谓。

【译文】

音乐由来久远啊！它产生于律吕，根本在于"道"。道生天地，天地化阴阳。阴阳不断变

化,一上一下,融合成形体;运转不停,分开又融合,融合又分开,这就是天道。天地就好比车轮运转,完结了又重新开始,走到尽头又回到起点,无论如何,没有不恰当的。日月星辰,运转有快有慢,日月运转虽有差别,却都在自己的轨道上。四季更替,有时热,有时冷;有时白天长,有时白天短;有时柔和,有时刚烈。

万物的出现,产生于"道",随阴阳而变化。事物萌芽开始于孕育,后凝结成形体。有形体的地方,都有声音。好的声音产生于和谐,和谐产生于节奏,古代先贤圣王制定音乐,都是这样来的。

天下太平,万物安定宁静,百姓都被君主教化了,真正的音乐才可能产生。制成音乐有一定条件,必须要节制嗜好和欲望。只有嗜好和欲望不邪僻了,才可以从事音乐。从事音乐有一定方法,必须要出于平和。平和出于公正,公正出于道。所以,只有得道的人,才可以和他谈论音乐!

失落的国家,被残暴统治的人民,并非没有音乐,他们的音乐中没有欢乐。同样,溺水的人并非不笑,戴罪之人并非不歌唱,狂乱之人并非不跳舞,乱世的音乐,和上述的相似。君臣失其职分,父子失去伦常关系,夫妇失去恩义,人民痛苦呻吟,他们制作的音乐,又是什么样的呢?

大凡音乐,都是天地和谐、阴阳谐调的表现。开始生育人类的是天,人自己帮不上忙。天让人有欲望,人无法不去追求。天让人邪恶,人

吕氏春秋的教育智慧

不得不有所防备。欲望和邪恶是天生的，不是追求来的，不能改变，也不能替换。当世的学者，非议音乐的理由，不知来自何处。

好的音乐，是君臣、父子、老少都欢喜而愉悦的。快乐出于平和，平和出于道。道是看不见、摸不着、无法描述的东西。如果从看不见的事物中悟出其本质，从无声之中听出真声，从无形之中看见真形，就接近于明白了"道"。道是很精妙的，不可以刻画，无法命名。实在要命名，只能勉强称它为太一。

所以，道是法令制度，事物的两面都要遵从它。古代圣人选取事物有利的一面，效法于道，因此能够通晓万物的实情。所以，能把道运用到处理政事中的人，能使君臣欢悦、远近邻邦和睦相处，百姓欢畅，家族和美。能够用道来修身养性的人，能躲过灾难，享尽天年，保全天性。能够用道来治理国家的人，能够远奸邪、亲贤臣，教化天下。能够用道来治理天下的人，能让冷热适宜，风雨适时，成为一代圣人。所以明白道就圣明，只知事物的两面不能用道统一就会内心狂乱。

【故事】

郑卫之音

郑卫之音是春秋时代流传在郑国和卫国的民间音乐，是十分动听的。《礼记·乐礼》记云："魏文侯问于子夏曰：'吾端冕而听古乐，则惟恐卧；听郑卫之音，则不知倦，敢问

中国古代教育智慧

魏文侯

魏文侯（？—前396年），中国战国时魏国统治者。姬姓，魏氏，名斯。公元前445年继魏桓子位，公元前424年称侯改元，公元前403年与韩、赵两家一起被周威烈王册封为诸侯。任用法家的李悝为相，以"食有劳而禄有功，使有能而赏必行，罚必当"为原则实行变法。魏国经过变法国势强盛，成为了战国初期的强国。

古乐之如彼，何也？新乐之如此，何也？'"如此看来，魏文侯是很欣赏郑卫之音的，已到了"不知倦"的地步。但是，因为郑卫之音与孔子等提倡的雅乐大相径庭，所以受到儒家排斥，被视为"新声靡乐""靡丽文风"。这是武断的一家之言。据考，当时流传在郑国、卫国的民间歌谣和音乐是相当优雅与动听的。在我国第一部诗歌总集《诗经》中，搜集了流传在卫国一带的民歌达39首之多。足见"郑卫之音"并非"淫靡之乐"，而是颇受人们喜爱的。否则，孔子在编辑《诗经》时也绝不会保留这么多。

六、制乐

【原文】

欲观至乐，必欲至治。其治厚者其乐治厚①，其治薄者其乐治薄，乱世则慢以乐矣。今室闭户牖，动天地，一室也。故成汤之时，有谷生于庭，昏而生，比旦而大拱②。其使请卜其故。汤退卜者曰："吾闻祥者福之先者也，见祥而为不善，则福不至；妖者祸之先者也，见妖而为善，则祸不至。"于是早朝晏退③，问疾吊丧，务镇抚百姓，三日而谷亡。故祸兮福之所倚，福兮祸之所伏。圣人所独见，众人焉知其极。

周文王立国八年，岁六月，文王寝疾五日而地动④，东西南北，不出国郊。百吏皆请曰："臣闻地之动，为人主也。今王寝疾五日而地动，四面不出周郊，群臣皆恐，曰'请移之'。"文王曰："若何其移之也？"对曰："兴事动众，以增国城，其可以移之乎！"文王曰："不可。夫天之见妖也，以罚有罪也。我必有罪，故天以此罚我也。今故兴事动众以增国城，是重吾罪也，不可。"文王曰："昌⑤也请改行重善以移之，其可以免乎！"于是谨其礼秩、皮革，以交诸侯；饬其辞令⑥、币帛，以礼豪士；颁其爵列等级田畴，以赏群臣。无几何，疾乃止。文王即位八年而地动，已动之后四十三年，凡文王立国五十一年而终，此文王之所以止殃翦妖也⑦。

中国古代教育智慧

宋景公之时,荧惑在心⑧,公惧,召子韦而问焉,曰:"荧惑在心,何也?"子韦曰:"荧惑者,天罚也;心者,宋之分野也⑨;祸当于君。虽然,可移于宰相。"公曰:"宰相,所与治国家也,而移死焉,不祥。"子韦曰:"可移于民。"公曰:"民死,寡人将谁为君乎?宁独死。"子韦曰:"可移于岁。"公曰:"岁害则民饥,民饥必死。为人君而杀其民以自活也,其谁以我为君乎?是寡人之命固尽已,子无复言矣。"子韦还走,北面再拜曰:"臣敢贺君。天之处高而听卑,君有至德之言三,天必三赏君。今夕荧惑其徙三舍,君延年二十一岁。"公曰:"子何以知之?"对曰:"有三善言,必有三赏,荧惑有三徙舍,舍行七星,星一徙当一年,三七二十一,臣故曰君延年二十一岁矣。臣请伏于陛下以伺候之⑩。荧惑不徙,臣请死。"公曰:"可。"是夕荧惑果徙三舍。

【注释】

①厚:重视。

②拱:双手合围的粗细。《左传·僖公三十二年》曰:"尔墓之木拱矣!"

③晏:晚。《墨子·尚贤中》曰:"蚤朝晏退。"

④寝疾:卧病。《礼记·檀弓上》曰:"成子高寝疾,庆遗人请曰:'子之病革矣。'"

⑤昌:周文王名昌。

⑥饬:整顿。《诗·小雅·六月》曰:"戎车既饬。"

⑦翦：通"剪"。

⑧荧惑：指火星，由于火星呈红色，荧荧像火，亮度常有变化；而且在天空中运行，有时从西向东，有时又从东向西，情况复杂，令人迷惑，所以中国古代称之为"荧惑"。

⑨分野：中国古代星占术中的一个概念。认为地上各州郡邦国和天上一定的区域相对应，在该天区发生的天象预兆着各对应地方的吉凶。

⑩陛：帝王宫殿的台阶。《国策·燕策三》曰"秦武阳奉地图匣，以次进至陛下。"

【译文】

想要欣赏最美妙的音乐，一定要先治理好政事。那些重视治理政事的国家就重视音乐的教化作用，那些不重视治理政事的国家就不重视音乐的教化作用。在世道混乱之时，乱世这社无节制地独赏音乐。现在重视治理政事的国君，即使把自己关闭在斗室之中，也能干出感天动地的大事来。所以在成汤治政的时候，有谷物在庭院内生长，晚上才生根发芽，第二天早晨就长到两手合围那么大了。成汤的臣子请占卜其中的原因。成汤辞退占卜者说："我听说吉祥物出现预示着将有大福降临，但见到吉祥物却不干善事，那么福分则不会降临；妖异奇怪的现象出现预示着将有大祸降临，但见到妖异奇怪现象就赶紧做善事，那么大祸就不会降临。"于是成汤便很早上朝处理政事，直到很晚才退朝，慰问病人，吊唁死者，安抚百姓，三天后，那颗奇怪的谷物自己就死了。所以说灾祸是福分所倚存的，福分里又潜

中国古代教育智慧

伏着灾祸,这是圣人才能感悟到的,一般的人哪里知道福祸变化的终极。

周文王即位八年,那一年六月,周文王卧病在床五天时发生了地震,地震的范围,东西南北四个方位都没超出国郊,很多官吏都请求说:"我听说发生地震,预示着国君将有事情发生。现在国君你卧病五日就发生了地震,而且地震的范围四个方向都没有超出国郊,大臣们都很恐慌,都说:'请求国君把灾祸移走。'"周文王问:"怎样才能把灾祸移走呢?"群臣回答道:"动用大量人力物力来增修国都城墙,可能会移走灾祸"。文王说:"不行。上天呈现出妖异怪事,是要惩罚有罪的人。我肯定有罪,上天以地震来惩罚我。现在还要征调人力物力来增修国都城墙,岂不是加重了我的罪孽,万万不可。"文王说:"我将改正品行,注重行善,用来请求移走灾祸,或许可以免受灾难。"于是文王便端正自己的品行,谨慎对待豪杰之士;颁布爵位,把田畴划分等级,用来赏赐群臣百官。没过多久,文王的病就好了。周文王即位八年时发生地震,这以后又过了四十三年,他在位共五十一年后才死去,这就是文王移走灾祸的办法。

宋景公在位时,荧惑星移动到了心星的位置,景公对此事很慎重,他召见子韦问道:"荧惑星移动到了心星的位置,这是为什么呢?"子韦说:"荧惑星移动,是上天将要惩罚下民。现在荧惑星与心星相对应的地域是宋国,预示着国君将有灾祸临头;不过,国君可把灾祸转嫁到宰相头上。"宋景公说:"宰相要参与治理国家,现在把灾难移到他头上,让他死,肯定不吉祥。"子韦说:"可以把灾祸转嫁到老百姓头上。"宋景公说:"老百姓都死了,我将给谁当国君呢?我宁愿自己死去。"子韦说:"还可以把灾祸转移到一年的收成上去。"景公说:"一年无收成老百姓必定闹饥荒必定会饿死人。作为老百姓的君主,让老百姓饿死,而自己活下来,谁还愿意把我当作他们的国君呢?看来是我的命数已定,你不要再说了。"子韦绕地急走三圈后,朝北再拜国君道:"我祝贺国君。处在高处的上天最容易听清下民所说的话,现在国君的三句话是具有最高道德的,上天必定会赏赐你三次。今晚荧惑星将移动三座星宿的位置,你将延长寿命二十一年。"景公问:"你从哪里获得的这些信息?"子韦回答说:"三句善言,上天必定有三次赏赐。荧惑星将移动三座星宿的位置,每移动一座星宿的位置要经过七颗星,每经过一颗星就会延寿一年,三座星宿共二十一颗星,所以我说国君将会延长二十一年的寿命。请允许我守候在宫殿的台阶下以便观测天象。如果荧惑星不移动,请治臣死罪。"景公说:"可以。"当天晚上荧惑星果然移动了三座星宿的位置。

【故事】

宋徽宗昏庸终至亡国

1100年,北宋哲宗病死,立赵佶为帝,第二年改年号为"建中靖国"。赵佶生活

中国古代教育智慧

宋徽宗

宋徽宗(1082年—1135年),赵佶,号宣和主人、教主道君皇帝、道君太上皇帝。宋朝第八位皇帝,在位二十五年,国亡被俘受折磨而死,终年五十四岁,葬于永佑陵。宋徽宗同时也是画家和书法家,擅长楷、草书及山水、人物、花鸟、墨竹。擅长婉约词,创立"瘦金体"。

穷奢极欲,大肆搜刮民脂民膏;他大兴土木,修建华阳宫等宫殿园林。不仅如此,他还以蔡京为宰相,同蔡京、童贯、梁师成、杨戬、李彦、高俅等人结成反动的统治集团,使北宋的政治进入到最黑暗、最腐朽的时期。人民在此残害之下,痛苦不堪,爆发了方腊、宋江等率领农民起义,赵佶又派兵进行了血腥镇压。

1125年,金军大举南侵,金军统帅宗望统领的东路军在北宋叛将郭药师引导下直取汴京。面对外敌入侵,他不仅不组织抵抗,反倒写了"传位于皇太子"后宣布退位,自称"太上皇",让位于子赵桓(钦宗),自己带着蔡京、童贯等贼臣,借口烧香仓皇逃往安徽亳州蒙城(今安徽省蒙城)。直到金兵退了才回来。

1126年,金兵再次南下。12月15日攻破汴京,金废赵佶、赵桓为庶人。将二帝连同后妃、宗室、百官数千人,以及教坊乐工、技艺工匠、法驾、仪仗、冠服、礼器、天文仪器、珍宝玩物、皇家藏书、天下州府地图等押送北方,汴京中公私积蓄被掳掠一空,赵佶昏庸无道,终至北宋灭亡。因此事发生在靖康年间,因此被称为"靖康之变"。

赵佶被囚禁了九年。1135年,终因不堪精神折磨而死于五国城,金熙宗将他葬于河南广宁(今河南省洛阳市附近)。1142年8月,宋金根据协议,将赵佶遗骸运回临安(今浙江省杭州市),立庙号为徽宗。

七、禁塞

【原文】

夫救守之心①，未有不守无道而救不义也。守无道而救不义，则祸莫大焉，为天下之民害莫深焉。

凡救守者，太上以说，其次以兵。以说，则承从多群，日夜思之，事心任精②，起则诵之，卧则梦之，自今单唇干肺，费神伤魂，上称三皇五帝之业以愉其意，下称五伯名士之谋以信其事，早朝晏罢，以告制兵者，行说语众，以明其道。道毕说单而不行，则必反之兵矣。反之于兵，则必斗争之情，必且杀人。是杀无罪之民，以兴无道与不义者也。无道与不义者存，是长天下之害，而止天下之利。虽欲幸而胜，祸且始长。

先王之法曰：为善者赏，为不善者罚。古之道也，不可易。今不别其义与不义，而疾取救守，不义莫大焉，害天下之民者莫甚焉。故取攻伐者不可，非攻伐不可；取救守不可，非救守不可。取，惟义兵为可。

兵苟义，攻伐亦可，救守亦可；兵不义，攻伐不可，救守不可。使夏桀、殷纣无道至于此者，幸也；使吴夫差、智伯瑶③侵夺至于此者，幸也；使晋厉、陈灵、宋康不善至于此者，幸也。

若令桀、纣知必国亡身死，殄无后类④，吾未知其厉为无道之至于此也；吴王夫差、智伯瑶

吕氏春秋的教育智慧

知丛国为丘墟,身为刑戮,吾未知其为不善、无道、侵夺之至于此也;晋厉知丛死于匠丽氏,陈灵知丛死于夏证舒,宋康知丛死于温,吾未知其为不善之至于此也。

此七君者,大为无道不义,所残杀无罪之民者,不可为万数。壮佼老幼胎膜之死者⑤,大实平原,广堙深溪大谷⑥,赴巨水。积灰填沟洫险阻⑦。犯流矢,蹈白刃,加之以冻饿饥寒之患。以至于今之世,为之愈甚。故暴骸骨无量数⑧,为京丘若山陵。世有兴主仁士,深意念此,亦可以痛心矣,亦可以悲哀矣。

察此其所自生,生于有道者之废,而无道者之恣行。夫无道者之恣行⑨,幸矣。故世之患,不在救守,而在于不肖者之幸也。救守之说出,则不肖者益幸也,贤者益疑矣。故大乱天下者,在于不论其义而疾取救守。

【注释】

①救:援助,救护。

②事心任精:事、任同义,是使的意思。精,精神,精力。宋玉《神女赋》曰:"精交接以来往兮。"事心任精,即劳心费神的意思。

③智伯瑶:春秋战国之际晋国四卿之一。因轻侮赵无恤而结怨。晋出公十七年,他与赵、韩、魏三卿四分范氏,中行氏地为邑。后又向韩、赵、魏三卿索地,赵氏拒绝,他率韩魏军围赵晋阳。二十二年,决水灌城。赵臣张孟谈说韩魏反戈,与赵联合决水灌其军,他战败被杀,其地位三卿所分。

④殄无后类：殄，灭绝。杜甫诗曰："暴殄天物圣所衷"。类，种类。殄无后类，即灭绝后代子孙。

⑤佼：美好。《诗·陈风·月出》曰："月出佼兮，佼人僚兮。"

⑥堙：堵塞。《国语·晋语六》曰："夷灶堙井。"

⑦洫：水渠。

⑧骸：尸骨。《庄子·齐物论》曰："百骸九窍六藏，赅而存焉，吾谁与为亲？"

⑨恣：放纵。

【译文】

救援防守的本义是要防守没有道义的国君，而不去救援没有道义的国家。如果防守没有道义的国君，还去救援没有道义的国家，那么将会祸患无穷，给老百姓带来的灾难也就更深了。

凡是防守救援者，一般会首先采用言辞，其次是用兵力。如果是采用言辞，那么随从者就较多，日思夜想，劳神费心，早晨起来就念叨它，晚上睡觉则梦见它，使得自己唇干肺燥、精神疲惫；往上称颂三皇五帝的宏伟功业以便人们对自己的主张感到满意，往下称颂五伯、名士的谋略以便人们对自己的事业充满信心，从早上上朝时起，一直都在不停地说服对方的统帅直到晚上散朝才止，言辞恳切，晓之以理，动之以情，使人们能够明白自己的道理。道理讲清了，话也说完了，但没能说服对方，反过来必定会使用兵力。使用兵力，就会发生战争。而一旦发生战争，就会杀人。如果

吕氏春秋的教育智慧

中国古代教育智慧

这样，那就是杀害无罪的人民来助长无道之君和不义之国。无道之君和不义之国被保存下来，就会使天下的祸害滋长，天下的公理就会被扼杀。虽然想侥幸取胜，祸患却从此开始滋长。

先王的法令规定：做善事的就奖赏，做恶事的就惩罚。这是古代法令，不能轻易更改。现在不管义与不义，都采用救守原则，这就是最大的不义，这就是深深危害天下的百姓。所以说，采取攻打讨伐的原则不可以，不采取也不行；采取救守的原则不可以，不采取也不行，到底采取何种原则，要看正义与否。

如果是正义之战，攻打讨伐可以，救援防守也可以。如果不是正义之战，攻打讨伐不可以，救援防守也不可以。夏桀、殷纣残暴到如此地步，是他们的侥幸心理在作怪；吴王夫差，智伯瑶到处烧杀抢掠到这种地步，也是侥幸心理在作怪；晋厉、陈灵、宋康干了这么多坏事，还是侥幸心理在作怪。

假如让夏桀、商纣事先知道他们的残暴会招致亡国身死，会让他们灭绝后代子孙，我不相信他们敢残暴到如此地步；如果夫差、智伯瑶事先知道他们的掠夺会使城廓变为丘墟，会招来杀身之祸，我不相信他们还敢四处疯狂侵略到如此地步；如果晋厉公事先知道他要死于匠丽氏之手，如果陈灵事先知道他要被夏征舒所杀，如果宋康事先知道他要死于温邑，我不相信他们做坏事会达到如此地步。

这七位君主，是最不道义的：他们残杀无辜

的百姓数不胜数；年轻力壮的、老的、少的、怀孕的母亲，他们的尸骨铺满了平原，填满了深沟大渠，汇入大江大河。战争带来狼藉一片，灰尘都填满了深沟险阻。人们不得不冒着流矢，踏着利刃，忍受着饥寒交迫的煎熬。这样的惨状一直延续到了现在，而且愈演愈烈，所以荒郊尸骨多得不计其数，以至于累积成了山丘。如果现在有开明君主和推行仁道之士，每每想到这些，可以说是太痛心、太悲哀了。

审察出现这些情况的原因，原来是讲仁义道德的人被废弃不用，而不仁义者却开始恣意妄行，而无道的人之所以要胡作非为，是因为他们的侥幸心理在作怪。所以，天下的祸患不在于救援防守本身，而在于不义者的侥幸心理。救援防守的原则一提出来，不义者的侥幸心理就更甚了，贤能的人就会更加恐惧。所以天下大乱，是由于不区别义还是不义，就一味采取救援防守策略而造成的。

【故事】

虞君不听劝告终亡国

春秋时期，晋献公想消灭虢国。可是在晋国和虢国之间隔着一个虞国，讨伐虢国必须要经过虞国。大夫荀息建议，把献公的美玉和宝马送给虞国国君，请求借道。晋献公接受了他的建议。

虞君见到礼物，很是高兴，便答应借道。而大夫宫之奇却阻止说："不行啊！虞国和虢

中国古代教育智慧

唇亡齿寒

国就像牙齿和嘴唇的关系,没有了嘴唇,牙齿就会感到寒冷(唇亡齿寒)。我们两个小国相互依存,有事可以彼此帮助,万一虢国被消灭了,我们虞国也就难保了。借道给晋国万万使不得。"虞君不听。

果然,晋国军队借道虞国,消灭了虢国。回来时,顺便又消灭了虞国。

八、爱士

【原文】

衣，人以其寒也；食，人以其饥也。饥寒，人之大害也；救之，义也。人之困穷，甚如饥寒，故贤主必怜人之困也，必哀人之穷也。如此则名号显矣，国士得矣①。

昔者，秦缪公乘马而车为败②，右服失而野人取之。缪公自往求之，见野人方将食之于岐山之阳③。缪公叹曰："食骏马之肉而不还饮酒④，余恐其伤女也！"于是遍饮而去。处一年，为韩原之战。晋人已环缪公之车矣，晋梁由靡已扣缪公之左骖矣⑤，晋惠公之右路石奋投而击缪公之甲，中之者已六札矣。野人之尝食马肉于岐山之阳者三百有余人，毕力为缪公疾斗于车下，遂大克晋，反获惠公以归。此《诗》之所谓曰"君君子则正，以行其德；君贱人则宽，以尽其力"者也。人主其胡可以无务行德爱人乎？行德爱人则民亲其上，民亲其上则皆乐为其君死矣。

赵简子有两白骡而甚爱之。阳城胥渠处广门之官⑥，夜款门而谒曰⑦："主君之臣胥渠有疾，医教之曰：'得白骡之肝，病则止，不得则死。'"谒者入通。董安于御于侧，愠曰⑧："嘻！胥渠也，期吾君骡，请即刑焉⑨。"简子曰："夫杀人以活畜，不亦不仁乎？杀畜以活人，不亦仁乎？"于是召庖人杀白骡，取肝以

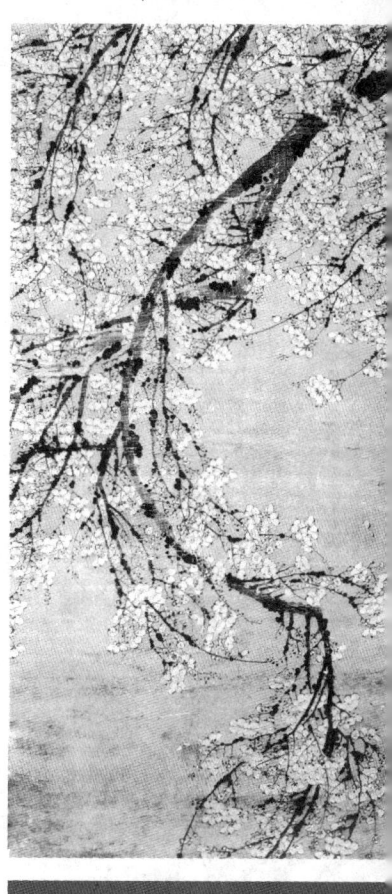

与阳城胥渠。处无几何,赵兴兵而攻翟⑩。广门之官,左七百人,右七百人,皆先登而获甲首。人主其胡可以不好士?

凡敌之来也,以求利也。今来而得死,且以走为利。敌皆以走为利,则刃无与接。故敌得生于我,则我得死于敌;敌得死于我,则我得生于敌。夫得生于敌,与敌得生于我,岂可不察哉?此兵之精者。存亡死生,决于知此而已矣。

【注释】

①国士:国家中才能卓异的人。

②秦缪公:秦缪公,即春秋时秦国国君秦穆公。

③阳:山的南面,水的北面。李白《春归终南山》曰:"我来南山阳。"

④还(xuán):通"旋",立即,随即。

⑤梁由靡:晋国大夫。

⑥阳城:复姓。

⑦谒(yè):告诉,陈述。《战国策·秦策一》曰:"请谒事情。"

⑧愠(yùn):含怒,怨恨。《论语》曰:"人不知而不愠。"

⑨刑:杀。《战国策》曰:"刑白马以盟于洹水之上。"

⑩翟(dí):北狄,我国古代北部的一个少数民族。

【译文】

穿衣,是为了避寒;吃饭,是为了充饥。饥饿寒冷是对人最大的危害。救助饥饿寒冷的人,就是仁义的。人处在困穷贫乏之时，比饥饿寒冷都更严重，所以贤明的君主应当怜惜穷困之人，应当哀怜贫乏之人。如能这样，那么必定会使自己名声显赫，必定会得到国内优秀的人才。

以前秦穆公乘马车出行的时候，马车坏了，右边的服马跑掉了，当地的老百姓逮住了它。秦穆公亲自前往去寻找，在岐山的南面看到当地老百姓正要吃它。秦穆公感叹道："吃骏马的肉而不立刻饮酒，我担心马肉会伤害到你们的身体！"于是奉上酒，让他们一一饮酒后才离去。过了一年，秦晋发生韩原之战。晋国军队已包围了秦穆公的马车，晋国大夫梁由靡已抓住了秦穆公战车左边的骖马，晋惠公战车右边的勇士路石用兵器猛击秦穆公的铠甲，而且已击穿了六层。在岐山南面曾经吃过马肉的有三百多人，他们在秦穆公的战车下竭尽全力与晋兵奋战，终于打败了晋兵，并且捉住晋惠公而归。这就是《诗》中所说的："给品德高尚人做国君，就应公正廉洁，以便推行君主的德行；给地位低贱的人做国君，就应宽厚待人，以便万姓愿为君主竭尽全力。"作为一国之君怎么能够不推行德政，爱抚百姓呢？推行德政、爱抚百姓，人民就会亲近国君，人民亲近国君就乐意为君主拼死效力。

赵简子有两匹心爱的白骡。阳城胥渠任广门之官的时候，他派人去敲赵简子的门并告诉他："你的臣子胥渠生了病，医生说：'能得到白骡的肝做药，那么病就会好，得不到就要死去。'"通报的人进去报告了这一情况。董

吕氏春秋的教育智慧

安于正在侍奉赵简子,他大怒道:"哼!这个大胆的胥渠居然期望得到君主喜爱的白骡,请允许我去杀了他。"赵简子说:"把人杀了,让畜牲活下来,这岂不是太不仁义了吗?把畜牲杀了,让人活下来,这岂不是很仁义吗?"于是召来厨师,让他杀死白骡,取出肝脏给了阳城胥渠。没过多久,赵简子发兵攻打北狄。广门之官,左部有七百人,右部有七百人,都争先恐后奋力登城,并斩获敌酋的首级。作为一国之君怎么能不爱护他的部下呢?

大凡敌人来攻伐,都是为了追求利益,如果现在来攻伐将遭到灭亡,那么敌人将把逃走作为最大的利益。敌人都把逃走作为最大的利益,那就不会有短兵相接之战。所以说,敌人从我方获得了生存,那我方就因失败将会灭亡;反之,敌人因失败而灭亡了,那我方就会因胜利而获得生存。是敌人从我方获得生存,还是我方从敌人那里获得生存,这两种情况难道可以不审察明白吗?这就是用兵之道的精髓。生死存亡,关键就取决于是否懂得了这个道理。

【故事】

中山君有感于礼

中山君是战国初期一个小国的国君。一次,他为了笼络士大夫,以便巩固他的统治地位,便设下盛宴,真诚邀请住在国都的各位士大夫们前来参加。

有个名叫司马子期的士大夫也来了,因为来

吕氏春秋的教育智慧

得较晚，人年轻，地位不高，只好坐在空下的末座上。大家喝着美酒，吃着野味，谈论着时政，兴致很高。酒过三巡，上羊肉汤了，每人一碗，唯独到司马子期座前，羊肉汤没有了。

司马子期坐在席间，丢了面子，觉得十分难堪。于是，异常恼怒，愤然起身，退席而走。他投奔楚国，劝楚王讨伐中山君，自己做向导。

楚国是大国，兵强马壮。楚军与中山国的军队刚一交锋，中山国就溃不成阵，中山君仓惶逃跑。途中，有两个手持武器的人，始终紧紧跟随着，不惜流血受伤，拼着性命保护他。中山君很纳闷，问："你们是什么人，为什么不顾自己，出死力保护我呢？"

作战的楚军

这两个人回答说："大王您还记得吗？有一年夏天，麦子歉收，我们的父亲躺在大路旁的桑树下边，眼看就要饿死了。这时您路过，赶紧下车，拿出一壶稀饭，父亲才免于饿死。父亲在临终时嘱咐我们兄弟说：'中山君救我一命，你们要记住，日后中山君有难，定要以死相报。'我们这是礼尚往来，报答您的大恩啊！"

中山君听完后，长叹说："给予人家的东西不论多少，主要是在他真正有困难的时候；失礼得罪人，怨恨不在深浅，在于使人伤心啊。我因为一碗羊肉汤失礼了，结果失掉了国家；因为一壶稀饭救了一个人，在危难时得到了两人的以死相报！礼仪仁爱，这么的重要啊！"

九、长见

【原文】

　　智所以相过，以其长见与短见也。今之于古也，犹古之于后世也。今之于后世，亦犹今之于古也。故审知今则可知古，知古则可知后，古今前后一也①，故圣人上知千岁，下知千岁也。

　　荆文王曰："苋譆数犯我以义，违我以礼，与处则不安，旷之而不穀得焉②。不以吾身爵之，后世有圣人，将以非不穀。"于是爵之五大夫。申侯伯善持养吾意，吾所欲则先我为之，与处则安，旷之而不穀丧焉。不以吾身远之，后世有圣人，将以非不穀。于是送而行之。"

　　申侯伯如郑，阿郑君之心③，先为其所欲，三年而知郑国之政也，五月而郑人杀之。是后世之圣人使文王为善于上世也。

　　晋平公铸为大钟，使工听之，皆以为调矣。师旷④曰："不调，请更铸之。"平公曰："工皆以为调矣。"师旷曰："后世有知音者，将知钟之不调也，臣窃为君耻之。"至于师涓而果知钟之不调也。是师旷欲善调钟，以为后世之知音者也。

　　吕太公望封于齐，周公旦封于鲁，二君者，甚相善也⑤。相谓曰："何以治国？"太公望曰："尊贤上功。"周公旦曰："亲亲上恩。"太公望曰："鲁自此削矣！"周公旦曰："鲁虽削，有齐者，亦必非吕氏也。"其

吕氏春秋的教育智慧

后齐日以大,至于霸,二十四世而田成子有齐国。鲁公以削,至于觐存⑥,三十四世而亡。

吴起治西河之外,王错谮之于魏武侯⑦,武侯使人召之。吴起至于岸门,止车而望西河,泣数行而下。其仆谓吴起曰:"窃观公之意,视释天下若释躧⑧。今去西河而泣,何也?"吴起抿泣而应之曰:"子不识,君知我而使我毕能西河可以王。今君听谗人之议,而不知我,西河之为秦取不久矣!魏从此削矣!"吴起果去魏入楚。有间,西河毕入秦,秦日益大。此吴起之所先见而泣也。

魏公叔座疾,惠王往问之,曰:"公叔之病甚矣,将奈社稷何?"公叔对曰:"臣之御庶子鞅,愿王以国听之也。为不能听,勿使出境。"王不应,出而谓左右曰:"岂不悲哉?以公叔之贤,而今谓寡人必以国听鞅,悖也夫⑨!"公叔死,公孙鞅西游秦,秦孝公听之,秦果用强,魏果用弱。非公叔座之悖也,魏则悖也。夫悖者之患,固以不悖为悖。

【注释】

①一:同一,一样。《淮南子·说山训》曰:"所行则异,所归者一。"

②穀(gǔ):善,良好。《诗·小雅·小宛》曰:"教诲尔子,式穀似之。"

③阿(ē):曲从,迎合。《孟子·公孙丑上》曰:"污,不至阿其所好。"

④师旷:春秋晋国乐师,字子野。目盲,善弹琴,精于辨音。

73

⑤善：友好，亲善。《国策·秦策二》曰："齐楚之交善。"

⑥觋：通"仅"。

⑦谮：进谗言，说人坏话。《公羊传·庄公元年》曰："夫人谮公于齐侯。"

⑧蹝：通"屣"，鞋的意思。《国策·燕策一》曰："犹释弊屣。"

⑨悖：谬误，惑乱。《荀子·王霸》曰："不能治近，又务治远，不能察明，又务见幽，不能当一，又务正百，是悖者也。"

【译文】

智慧能力相互超过的依据，关键是取决于目光是否远大。现今对于过去而言，就相当于过去对于未来；现今对于未来而言，也就相当于过去对于现在。所以明察现在就能知道过去，知道过去也就能知道未来。古往今来，前后一体，所以圣人上知千年、下知千年。

荆文王说："觅谞常常以道义来规范我，以礼数来约束我，与他共事，我有些局促不安，但久而久之，使我规范了言行，得到了好处。如果我不赐给他爵位，后世的圣人将认为我不善。所以，赐给了他五大夫的爵位。申侯伯善于察言观色，满足我的心意，我所想的他早为我安排好了，与他共事，我很愉快，但久而久之，我发现自己丢失了很多。如果不让他远离我，后世的圣人一定会指责我的不善。所以送他远行。"

申侯伯到了郑国，一味迎合郑国之君的心

意，事先准备好他所想要的一切，三年后便掌管了郑国的政事，可是执政不到五个月便被郑国的老百姓杀死了。所以，后世的圣人说荆文王在前世做了一件大好事。

晋平公铸成大钟，叫乐工试听，大家都认为乐音很和谐。唯独师旷说："乐音不和谐，请重新铸造。"晋平公说："乐工们都认为声音和谐。"师旷说："后世有精于辨音者，将会听出大钟的声音不和谐，因为这件事，我将为你感到羞耻。"后世的知音者师涓果然认为大钟的声音不和谐。师旷想把大钟的声音铸得更和谐，是为了在后世能找到知音。

太公吕望封于齐，周公旦封于鲁。这两位诸侯王交情甚好。他们曾互相询问："凭借什么来治理国家？"太公望说："尊重贤能之人，崇尚事功。"周公旦说："亲近亲属，重视恩宠。"太公望说："如果是这样，鲁国将从此被削弱！"周公旦说："鲁国即使被削弱，也还罢了，但齐国的继承者将非吕氏呀。"这以后，齐国日益强大，称霸于世，但到了二十四代时，田成子就抢夺了齐国的王位。鲁国日渐削弱，苟延残喘，到了三十四代时就灭亡了。

吴起治理西河地区，颇有成效。王错却在魏武侯面前说他的坏话，魏武侯就派人召他回朝。吴起到了岸门，停车望西河，禁不住流下了眼泪。他的仆人对他说："我平时暗暗观察您的言行，您是那种舍弃天下如同舍弃破鞋一样的人，现在离开西河，为何泪下数行？"吴起擦干眼泪

回答道:"你不知道其中的原委,国君了解我,让我镇守西河,辅助他称王。但是现在国君听信谗言,而不相信我,要我离开西河,看来西河被秦国占据的时间不久了!魏国也将从此被削弱!"吴起果然离开魏国去了楚国。没过多长时间,西河被秦国占据,秦国日益强盛。这就是吴起有所预见而哭泣的原因。

魏国的公叔座生了重病,魏惠王去探视他,问:"你的病很严重,能告诉我,国家大事将如何处置吗?"公叔座回答道:"我的御庶子公孙鞅,可以交政事于他。如果不能起用他,万万不可让他出境。"惠王不言语,出了房门对随从说:"难道不悲哀吗?像公叔座这样贤明的人,如今都自私到叫我把国事交与公孙鞅,岂不是太荒谬了!"公叔座死后,公孙鞅到秦国游说,秦孝公重用他,秦国果真强大了起来,而魏国则日渐衰弱。看来不是公叔座荒谬,而是魏王太荒谬。荒谬者的过失就是常常把不荒谬的认为是荒谬的。

【故事】

范蠡泛舟五湖退隐保身

春秋时期越王勾践卧薪尝胆的故事家喻户晓,勾践经过二十多年的运筹谋划,终于将吴国打败。但是在勾践胜利的背后,离不开两个重要的谋臣,那就是范蠡和文种。他们辅佐勾践成就霸业,在越国最困难的时刻始终都在勾践身边侍奉并出谋划策。

吕氏春秋的教育智慧

勾践称霸后,范蠡做了上将军。回国后,越国君臣设宴庆功。群臣皆乐,勾践却面无喜色。范蠡察言观色,立时明白了。他想:越王勾践处心积虑为图霸业,忍辱负重,卧薪尝胆,不惜用群臣的生命作为代价;而大业已成,如愿以偿,就更不愿让大臣们把功劳分去。大王的猜疑妒之心已见端倪。此人只能与之共患难,却难与之同安乐。大名之下,难以久居。如不及早激流勇退,日后恐无葬身之地。想到这里,他果断向勾践告辞,请求退居山林。勾践面对范蠡的要求,不由得思前想后,迟迟才说道:"先生假若留在我身边,我会与您共享越国,倘若不遵照我说的做,必将身死名裂,连带妻子儿女都会被杀!"政治头脑十分清醒的范蠡,对于宦海得失、世态炎凉,自然品味得格外透彻,明知"共分越国"只是一句假话而已,不敢对此心存奢望。他一语双关地说:"君行其法,我行其意。"于是他不辞而别,带了些盘缠和珠宝,与家属随从一起从海上乘船离去,浪迹天涯,隐于江湖,再也没有回越国。

范蠡跳出了是非之地,又想起了曾有知遇之恩、同舟共济多年的文种,遂给他写了一封信,信中劝说他越王的为人是忍辱妒功,不能和他共安乐,尽快离开是上上策。文种没有听取他的劝告,最终被越王赐剑自刎。

范蠡不辞而别后辗转来到齐国,他变名更姓,与儿子们耕作于海边,齐心合力,同治产业。由于经营有方,没有多久,产业竟然达数

范蠡

范蠡,字少伯,生卒年不详,春秋楚人。辅助勾践二十余年,终于使勾践于公元前473年灭吴。范蠡以为大名之下,难以久居,遂乘舟泛海而去。后至齐,父子戮力耕作,致产数十万。最后定居于陶(今山东定陶西北,另一说法为山东肥城陶山),经商积资巨万,称为"陶朱公"。因为经商有道,成为巨富,民间有尊陶朱公为财神的。

中国古代教育智慧

范蠡和西施游太湖

十万钱。齐王听说他贤能,就让他做了国相。但是范蠡叹息道:"在家里积累了千金的家产,做官就达到相位,这是平民百姓能达到的最高地位了。长久地享受尊贵的名号,不吉祥。"于是,他把齐国的相印归还。把自己的千金家产全部分散给了乡邻百姓,自己携带着家人和一些财宝悄悄地到陶地去,又一次变名更姓,自称为陶朱公。他到了陶地后开始经商,由于头脑精明、经营得当,没过多久他又积攒了巨额家资。当时人们凡论天下豪富,无不首推陶朱公,他成了天下闻名的大富商。

十、去尤

【原文】

世之听者，多有所尤①；多有所尤，则听必悖矣！所以尤者多故，其要必因人所喜，与因人所恶。东面望者不见西墙，南乡视者不睹北方，意有所在也。

人有亡鈇②者，意其邻之子。视其行步，窃鈇也，颜色，窃鈇也，言语，窃鈇也，动作态度，无为而不窃鈇也。抇其谷而得其鈇③，他日复见其邻之子，动作态度，无似窃鈇者。其邻之子非变也，己则变矣。变也者无他，有所尤也。

邾之故法④，为甲裳以帛。公息忌谓邾君曰："不若以组⑤。凡甲之所以为固者，以满窍也。今窍满矣，而任力者半耳。且组则不然，窍满则尽任力矣。"邾君以为然。曰："将何所以得组也？"公息忌对曰："上用之，则民为之矣。"邾君曰："善！"下令，令官为甲必以组。

公息忌知说之行也，因令其家皆为组。人有伤之者曰⑥："公息忌之所以欲用组者，其家多为组也。"邾君不说，于是复下令，令官为甲无以组。此邾君之有所尤也。

为甲以组而便，公息忌虽多为组，何伤也？以组不便，公息忌虽无组，亦何益也？为组与不为组，不足以累公息忌之说⑦，用组之心，不可不察也。

79

鲁有恶者⑧，其父出而见商咄，反而告其邻曰："商咄不若吾子矣！"且其子至恶也，商咄至美也，彼以至美不如至恶，尤乎爱也。故知美之恶，知恶之美，然后能知美恶矣。《庄子》曰："以瓦投⑨者翔，以钩投者战，以黄金投者殆⑩。其祥一也，而有所殆者，必外有所重者也。外有所重者泄，盖内掘。"鲁人可谓外有重矣。解在乎齐人之欲得金也，及秦墨者之相妒也，皆有所乎尤也。

老聃则得之矣，若植木而立乎独，必不合于俗，则何可扩矣？

【注释】

①尤：通"囿"，蔽囿，蒙蔽，局限。

②铁：斧子。

③扣（hú）：掘。

④邾（zhū）：古国名，亦称"邾娄"，后改称"邹"。周武王封颛顼之后于邾，后为楚所灭。故城在今山东邹县东南。

⑤组：用丝编织的绳带。

⑥伤：诋毁。

⑦累：这里是损害的意思。

⑧恶：丑陋。

⑨投：古文"投"，这里是下赌注的意思。

⑩殆：迷惑。《论语·为政》曰："多见阙殆，慎行其余，则寡悔。"

【译文】

世上只靠听闻便妄下论断的，往往会受局限，受到局限所下的论断必然很荒谬。受到局限

吕氏春秋的教育智慧

的原因很多，最关键的是因为人有所喜爱和有所厌恶。向东面望的人看不见西墙，向南方望的人看不见北方，是因为意念有所专注。

有一个丢失了斧头的人，怀疑邻居家的儿子偷了他的斧头，看邻居家的儿子走路的样子，很像是偷了斧头；再看他的脸色，也像是偷了斧头；听他说话，更像是偷了斧头。总之，言谈举止都像是偷了斧头。有一天失斧人挖掘沟渠时，找到了他的斧头。这以后再看他邻居家的儿子，言谈举止没有哪一点像是偷斧的。邻居家的儿子没有变，是他自己变了。变化的原因没有别的，是他受到局限，心存偏见。

郉国有一常规，就是做甲裳时用帛来缝连。公息忌对郉国国君说："缝连甲裳，不如用很宽的丝带子。大凡铠甲坚固的原因是用丝带塞满了它的孔窍。现在用帛塞满它的孔窍，承受力只有一半。但用丝带子塞满孔窍则不是这样，承受力会增大一倍。"郉国国君认为他说得对，便问道："那从哪里能得到丝带子呢？"公息忌说："国君要用它，人民就会制造它。"郉国国君说："好！"于是下令给百官，叫他们缝制甲裳时必须要用丝带子。

公息忌知道他的主张得到了实行，便叫家里人编织丝带子。有人诋毁他说："公息忌之所以想用丝带子缝连甲裳，是因为他的家人都在编织丝带子。"郉国国君听到这种说法后很不高兴，于是又重新下令百官，叫他们缝制甲裳不要用丝带子。这就是郉国国君被听闻所局限。

用丝带子缝制甲衣有好处，那么公息忌家人编织很多丝带子有什么害处呢？用丝带子缝制甲衣没有好处，那么公息忌家人即使不编织丝带子，又有什么益处呢？他的家人编不编织丝带子，不足以牵制他的主张。只是用丝带子的真正目的，不能不考察啊！

鲁国有一个长相很丑的人，他的父亲出门后看到了商咄，回来告诉他的邻居："商咄比不上我的儿子。"但是他的儿子是极丑的，商咄是极美的。他认为极美的不如极丑的，是由于受到爱子的局限。所以先要知道美可以被看成丑，丑可以被当作美，然后才能知道什么是美、什么是丑。《庄子》说："以纺丝用的纺砖为赌注的，内心安详、坦然，用衣带为赌注的内心慌张惊惧，以黄金为赌注的内心则迷惑不安。他们赌博的技艺一样精湛，而出现迷惑不安的情况，是因为眼前有像黄金一样的宝贵的东西。对眼前宝贵的东西有所看重，大概内心就会迷惑不安。"这个鲁国人可算是眼前有贵重的东西。这个道理体现在齐国人想得到黄金，以及秦国的墨家学者互相忌妒这两件事上。

老子就懂得了这个道理，他像一根直立的木头一样自行其是，必然不合流俗，当然没有什么会使他不安。

【故事】
朝三暮四

朝三暮四

战国时期，宋国有一个养猴子的老人，他在家中的院子里养了许多猴子。日子一久，这个老人和猴子竟然能够沟通讲话了。

这个老人每天早晚都会分别给每只猴子四颗栗子。几年之后，老人的手头越来越不宽裕了，而猴子的数目却越来越多，所以他就想把每天的栗子由八颗改为七颗，于是他就同猴子们商量说："从今天开始，我每天早上给你们三颗栗子，晚上还是照常给你们四颗栗子，不知道你们同不同意？"

猴子们听了，都认为早上怎么少了一个？于是一个个就开始吱吱大叫，而且还到处跳来跳去，好像非常不愿意似的。老人一看到这个情形，连忙改口说："那么我早上给你们四颗，晚上再给你们三颗，这样该可以了吧？"

猴子们听了，以为早上的栗子已经由三个变成四个，跟以前一样，就高兴地在地上翻滚了起来。这个故事告诉我们，遇到事情不要总是试图区分事物的不同性质，而不知道事物本身就有同一性。最后不免像猴子一样，被朝三暮四和朝四暮三所蒙蔽。

十一、首时

【原文】

圣人之于事，似缓而急，似迟而速，以待时。王季历困而死，文王苦之，有不忘羑里之丑①，时未可也。武王事之，夙夜不懈，亦不忘王门之辱。立十二年，而成甲子之事。时固不易得。太公望，东夷之士也，欲定一世而无其主，闻文王贤，故钓于渭以观之。

伍子胥欲见吴王而不得。客有言之于王子光者，见之而恶其貌，不听其说而辞之。客请之王子光，王子光曰："其貌适吾所甚恶也。"客以闻伍子胥，伍子胥曰："此易故也，愿令王子居于堂上，重帷而见其衣若手②，请因说之。"王子许。伍子胥说之半，王子光举帷，搏其手而与之坐。说毕，王子光大悦。伍子胥以为有吴国者必王子光也，退而耕于野七年。王子光代吴王僚为王，任子胥。子胥乃修法制，下贤良，选练士，习战斗；六年，然后大胜楚于柏举③，九战九胜，追北千里，昭王出奔随④，遂有郢⑤，亲射王宫，鞭荆平之坟三百。乡之耕，非忘其父之仇也，待时也。

墨者有田鸠⑥欲见秦惠王，留秦三年而弗得见。客有言之于楚王者，往见楚王，楚王说之，与将军之节以如秦，至，因见惠王。告人曰："之秦之道，乃之楚乎？"固有近之而远，远之而近者。时亦然。有汤武之贤而无

吕氏春秋的教育智慧

桀纣之时不成,有桀纣之时而无汤武之贤亦不成。圣人之见时,若步之与影不可离。故有道之士未遇时,隐匿分窜,勤以待时。时至,有从布衣而为天子者,有从千乘而得天下者,有从卑贱而佐三王者,有从匹夫而报万乘者,故圣人之所贵唯时也。水冻方固,后稷⑦不种,后稷之种必待春,故人虽智而不遇时无功。方叶之茂美,终日采之而不知,秋霜既下,众林皆羸⑧。事之难易,不在小大,务在知时。

郑子阳之难,猎狗溃之⑨;齐高国之难,失牛溃之;众因于以杀子阳、高、国。当其时,狗牛犹可以为人唱,而况乎以人为唱乎!

饥马盈厩,嗼然,未见刍也⑩;饥狗盈窖,嗼然,未见骨也;见骨与刍,动不可禁。乱世之民,嗼然,未见贤者也,见贤人则往不可止。往者非其形,心之谓乎?齐以东帝困于天下而鲁取徐州,邯郸以寿陵困于万民而卫取茧氏。以鲁、卫之细而皆得志于大国,遇其时也。故贤主秀士之欲忧黔首者,乱世当之矣。天不再与,时不久留,能不两工,事在当之。

【注释】

①羑(yǒu)里:古城名,又叫牖里,在今河南汤阴北。《史记·殷本纪》曰:"纣囚西伯羑里。"

②若:或者。《左传·定公元年》曰:"若从践土,若从宋,亦唯命。"

③柏(bó)举:古地名,春秋楚地。

④隋:古国名,西周初分封的诸侯国,姬姓。

85

在今湖北隋州市。春秋后期成为楚国的附庸。

⑤郢：古都，在今湖北荆州市江陵区西北，春秋楚文王定都于此。

⑥田鸠：即田俅子，战国初齐国人，墨子的学生。

⑦后稷：古代周族的始祖。传说有邰氏之女踏巨人足迹，怀孕而生，因一度被弃，故名弃。他善于种植粮食作物，为舜的稷官，主管农事，教民耕种。

⑧赢：衰败。

⑨猘（zhì）狗：疯狗。《淮南子·氾论训》曰："舍人有折弓者，畏罪而恐诛，则因猘狗之惊，以杀子阳。"

⑩刍：喂牲口的草。韩愈《鸳骥》曰："渴饮一斗水，饥食一束刍。"

【译文】

圣人对待事情，表面上很迟缓，实际上心头很急；表面上很急慢，实际上是在急切地等待时机。周王季历被殷纣所困而致死，他的儿子周文王很痛苦，又时时不忘自己被关在牖的耻辱，他为何不及时报仇雪恨，是因为时机未到。周武王侍奉纣王时，早晚都不敢懈怠，但他时时不忘在玉门受辱的事，即位十二年时，在甲子那一天终于打败了商纣王。本来时机是不容易得到的。姜太公是东夷之士，想要平定天下却找不到贤明的君主，听说文王贤德，便在渭水边钓鱼从而观察文王的言行。

伍子胥想要见吴王却没有机会，有门客

吕氏春秋的教育智慧

把伍子胥推荐给了王子光。王子光见了伍子胥，很讨厌他的长相，没听伍子胥说话便告辞了。门客问王子光原因，王子光说："他的长相刚好是我所讨厌的。"门客把这情况告诉了伍子胥，伍子胥说："这件事好办，请王子坐在堂上，面前拉上幕布，只露出衣服或手，我就同他讲话。"王子光答应了这么做。当伍子胥才说到一半时，王子光就掀开了幕布，拉着伍子胥的手与他并肩而坐。当伍子胥说完时，王子光已非常喜欢。伍子胥认为能够据有吴国的必定是王子光，于是他退居乡野从事耕作长达七年。王子光取代了吴王僚，成为吴国君主，开始重用伍子胥，于是，伍子胥便重新修整法度，礼贤下士，选出精兵强将进行操练；六年后，在柏举之战中大胜楚国，九战九胜，奋力追杀，行程千里，楚昭王逃到隋国，于是吴国便占据了楚国都城郢，伍子胥亲自操弓射王宫，并掘开楚平王的坟墓，鞭尸三百，以报仇雪恨。他在乡间耕作时，不是忘了楚王的杀父之仇，而是在静静地等待时机。

墨家学者田鸠想要拜见秦惠王，在秦国待了三年都没见到。有个门客将这一情况告诉给了楚王，田鸠就去拜见了楚王，楚王很喜欢他，让他佩戴将军的符节出使秦国。到了秦国，见到了秦惠王。他对人说："到秦国的路，先要到楚国吗？"本来很近的路反倒成了远路，本来很远的路反倒成了近路。时机也是这样，只有汤武的贤能而没有桀纣的荒淫，时机是不会

到来的；只有桀纣的荒淫，而没有汤武的贤能，时机也是不会到来的。圣人与时机，就像脚步与人影不可分离。所以，有道之人没遇上好时机，就隐遁分散，勤劳做事，用以等待时机的到来。只要机会一到，就有从平头百姓一下子成为国君的，从拥有千乘之国的诸侯王一下子成为国君的，有地位卑贱者一下子成为国君的辅佐大臣的，还有匹夫之勇者向万乘之国的国君报仇的，所以圣人认为最宝贵的东西就是时机。水冻得很坚固的时候，后稷不会去耕种，后稷要耕种一定会等到春暖花开的时节，所以人即使是有智慧，但没遇上好时机也不会取得成功。正当树叶茂盛美丽的时候，成天采摘也没觉得树叶减少，秋霜普降，所有的树叶全都枯败飘零。所以，干事情的难与易不在于大小，而在于一定要抓住时机。

郑子阳遇难，是在人们追杀疯狗的混乱之时；齐国的高氏和国氏遇难，是在人们追杀牛的混乱之时；众人趁着混乱杀死了郑子阳、高氏和国氏。正当时机到来时，疯狗和乱跑的牛尚且能成为人们发难的先导，又何况是以人为先导呢！

饥饿的马充满了马圈，马圈里静静的，是因为这些饥饿的马没看见饲料；饥饿的狗充满了狗洞，狗洞里静静的，是因为这些饥饿的狗没看见骨头，如果看见骨头和饲料，便会争抢而不可禁止。乱世之民，寂然无声，是因为没看见贤德之人。贤德之人一旦出现，他们便会往而聚之而不可制止。聚积在贤者身边，不仅指他们的身，也指他们的心。齐湣王号称东帝而万民不服，被诸侯所困，鲁国便趁机夺取了徐州，赵肃侯修寿陵而万民不顺，被万民所困，卫国便趁机夺取了茧氏之城。像鲁国、卫国这样的小国家能从大国手中夺得城池，是因为遇上了好时机。所以，贤明的君主和优秀的士人要想为老百姓忧虑，就应在乱世称雄。上天不会再次给你机会，时机转瞬即逝也不会再来，再能干的人也难取得两次成功，所以凡举事一定要抓住乱世这个时机。

【故事】

商鞅四见秦孝公

商鞅是我国古代著名的改革家。曾被秦孝公重用，推行商鞅变法。但是，他能被秦孝公重用也是经历了一番考验的。

商鞅来到秦国后，通过秦孝公的宠臣景监求见秦孝公。在景监的安排下，商鞅终于如愿以偿，得以拜见秦孝公。秦孝公让他说了很长时间的国家大事，自己却不断地打瞌睡，一点儿也听不进去。事后孝公迁怒于景监说："你的客人是大言欺人的家伙，这种人怎么能任用呢！"景监又用孝公的话责备商鞅。商鞅说："我用尧、舜治国的帝道劝说大王，他的心志不能领会。"

过了五天，景监又请求孝公召见商鞅。商鞅再次见孝公时，把治国之道说得淋漓尽

商鞅

商鞅（约前390—前338年），卫国（今河南安阳市）人。战国时期政治家，思想家，著名的法家代表人物。卫国国君的后裔，公孙氏，故称为卫鞅，又称公孙鞅，后封于商，后人称之为商鞅。应秦孝公求贤令入秦，说服秦孝公变法图强。在位执政十九年，秦国大治，史称商鞅变法。孝公死后，被贵族诬害，车裂而死。

中国古代教育智慧

秦孝公

秦孝公（前381—前338年），战国时秦国国君。嬴姓，名渠梁。秦献公之子。秦孝公三年（前359年），他重用卫人公孙鞅（即商鞅）实行变法，奖励耕战，使国势日渐强盛，为秦统一中国奠定了基础。

致，可还是不合孝公的心意。事后孝公又责备景监，景监也再次责备商鞅。商鞅说："我用禹、汤、周文王治国的王道劝说大王而他听不进去。请求他再召见我一次。"商鞅又一次见到孝公，孝公对他很友好，可是没有任用他。会见退出后，孝公对景监说："你的客人不错，我可以和他谈谈了。"景监告诉商鞅，商鞅说："我用春秋五霸的治国方法去说服大王，看他的心思是准备采纳了。果真再召见我一次，我已经知道该说些什么啦。"于是商鞅又见到了孝公，孝公跟他谈得非常投机，不知不觉地在垫席上向前移动膝盖，谈了好几天都不觉得厌倦。经过这次长谈，商鞅的强国之术终于获得了秦孝公的青睐，预示着商鞅在秦国富国强兵改革的开始。

十二、慎人

【原文】

　　功名大立，天也；为是故，因不慎其人不可。夫舜遇尧，天也；舜耕于历山①，陶于河滨，钓于雷泽②，天下说之，秀士从之③，人也。夫禹遇舜，天也；禹周于天下，以求贤者，事利黔首，水潦川泽之湛滞雍塞可通者，禹尽为之，人也。夫汤遇桀，武遇纣，天也；汤武修身积善为义，以忧苦于民，人也。

　　舜之耕渔，其贤不肖与天子同。其未遇时也，以其徒属，堀地财，取水利，编蒲苇，织罘网，手足胼胝不居④，然后免于冻馁之患。其遇时也，登为天子，贤士归之，万民誉之，丈夫女子，振振殷殷⑤，无不戴说。舜自为诗曰："普天之下，莫非王土。率土之滨，莫非王臣。"所以见尽有之也。尽有之，贤非加也；尽无之，贤非损也；时使然也。

　　百里奚之未遇时也，亡虢而虏晋⑥，饭牛于秦，传鬻以五羊之皮。公孙枝得而说之，献诸缪公，三日，请属事焉。缪公曰："买之五羊之皮而属事焉，无乃天下笑乎？"公孙枝对曰："信贤而任之，君之明也；让贤而下之，臣之忠也；君为明君，臣为忠臣。彼信贤，境内将服，敌国且畏，夫谁暇笑哉？"缪公遂用之。谋无不当，举必有功，非加贤也。使百里奚虽贤，无得缪公，必无此名矣。今焉知世之无百里奚哉？故人

中国古代教育智慧

主之欲求士者，不可不务博也。

孔子穷于陈、蔡之间⑦，七日不尝食，藜羹不糁。宰予备矣，孔子弦歌于室，颜回择菜于外⑧。子路与子贡相与而言曰⑨："夫子逐于鲁，削迹于卫，伐树于宋，穷于陈、蔡，杀夫子者无罪，藉夫子者不禁，夫子弦歌鼓舞，未尝绝音，盖君子之无所丑也若此乎？"颜回无以对，入以告孔子。孔子愤然推琴，喟然而叹曰："由与赐，小人也。召，召语之。"子路与子贡入。子贡曰："如此者可谓穷矣。"孔子曰："是何言也？君子达于道之谓达，穷于道之谓穷。今丘也拘仁义之道，以遭乱世之患，其所也，何穷之谓？故内省而不疚于道，临难而不失其德。大寒既至，霜雪既降，吾是以知松柏之茂也。昔桓公得之莒，文公得之曹，越王得之会稽。陈、蔡之厄，于丘其幸乎！"孔子烈然返瑟而弦，子路抗然执干而舞。子贡曰："吾不知天之高也，不知地之下也。"古之得道者，穷亦乐，达亦乐。所乐非穷达也，道得于此，则穷达一也，为寒暑风雨之序矣。故许由虞乎颖阳⑩，而共伯得乎共首。

【注释】

①历山：相传舜耕于历山，所在地说法不一：一说在山东济南市南，又名舜耕山、千佛山；一说在山东菏泽市东北；一说在山西垣曲东北，为中条山主峰之一；一说在山西永济市东南；一说在浙江余姚市西北；一说在浙江永康市南，又名釜历山；一说在湖北桑植西北。

②雷泽：古泽名，又名雷水，在今山西永济市蒲州南，源雷首山，南流入黄河。

③秀士：《礼记·王制》曰："命乡论秀士，升之司徒，曰选士。"郑玄注："秀士，乡大夫所考，有德行道艺者。"

④罘、胼胝：罘，捕兽的网。胼胝（pián zhī），俗称"老茧"。

⑤振振殷殷：形容众多的样子。

⑥虢：古国名。此指北虢，占有今河南三门峡市和山西平陆一带，公元前655年为晋所灭。

⑦陈、蔡：都是古代诸侯小国名，陈有今河南东部和安徽一部分，建都今河南淮阳。蔡定都于今河南上蔡西南。

⑧宰予、颜回：宰予，一名宰我。春秋末鲁国人。孔子的学生，以擅长言语著称。颜回，即颜渊。字回，名子渊。春秋末鲁国人，孔子学生。贫居陋巷，箪食瓢饮，而不改其乐。极得孔子赏识，后被尊为"复圣"。

⑨子路、子贡：子路，孔子学生，春秋末鲁国人，性直爽勇敢。子贡，孔子学生，春秋末卫国人，善于辞令。曾言："君子之过，如日月之食焉，过也人皆见之，更也人皆仰之。"

⑩许由、虞：许由，相传尧拟让与君位，他逃到箕山农耕。虞，通"娱"。

【译文】

　　成就盖世功名，要靠天意；假使由于这个缘故，因而不努力慎重地尽人事却是不可取

吕氏春秋的教育智慧

的。舜得遇尧这样的明君,是天意;然而舜在历山耕作,在黄河边制作陶器,在雷泽里钓鱼的时候,天下人能够喜欢他,贤德之人能够跟随他,却是舜自身努力的结果。大禹遇上舜,是天意;但他周游天下,访求贤德之人,做利于百姓的事,积水、河流湖泊被淤积而可以疏通的,大禹都尽力去疏通,这些事情靠的却是人事。商汤遇上残暴的夏桀,周武王遇上商纣这样的暴君,是天意;商汤、周武王修身养性、积善行德,而行仁义之事,为百姓的境况而忧愁痛苦,却是他们自身努力的结果。

舜在耕种和捕鱼的时候,他的德行和他当天子时是一样的。在他没有发迹之时,和他的门徒手下,种五谷,捕鱼虾,编织蒲苇,织兽网和鱼网,手都磨出了老茧也不休息,这样才能使自己不忍饥挨冻。他腾达时,登基做天子,贤德之士归心。国民都赞誉他,男男女女,芸芸众生,没有一个不爱戴他的。舜亲自作诗说:"全天下的土地,没有一寸不属于我。四海之内,没有谁不是我的臣民。"由此可见,他已经拥有了一切。拥有一切,他的贤德并没有增加;一无所有时,他的贤德并没有分毫减少,只是时机使他的境遇有如此不同。

百里奚没有发迹时,随着虢国的灭亡而做了晋国的俘虏,在秦国替人放过牛,也曾被人用五张羊皮的低价转卖过。公孙枝得到百里奚,内心欢悦,推荐给了秦穆公。三天后,他请求穆公委托国事给百里奚。秦穆公说:"买他

吕氏春秋的教育智慧

只花了五张羊皮,却要我把国事托付于他,难道不怕天下人笑话吗?"公孙枝回答说:"相信贤德的人而加以重用,是君主的贤明;让贤而甘居下位,是大臣的忠心;君主是贤明的君主,大臣是忠心的大臣,他确实有贤德,国内将会被治理得很好,敌人也将畏惧我们,谁还有空闲来耻笑呢?"于是秦穆公重用了百里奚。他的谋划没有不恰当的,办事没有不成功的,这并不是他比以前更贤明了。即使百里奚贤明异常,而如果没有遇上秦穆公这样的贤君,也一定不会有如此美名。谁又能说当今世上没有百里奚这样贤明的人呢?所以,君主想要得到贤明之士,不能不多加访寻啊!

孔子被困在陈、蔡之间,整整七天都没有吃到粮食,只好用藜菜做汤,而汤里连半粒米都没有。宰予已经疲惫不堪,孔子在屋里弹琴唱歌,颜回在屋外择菜。子路和子贡两人对颜回说道:"先生在鲁国被驱逐,在卫国只能隐居山林,在宋国被人追杀,在陈、蔡之间被困,现在杀害先生的人没有罪,侮辱他的人没有错,如此境地,他仍然抚琴唱歌、击鼓跳舞,从不曾停止过他的歌声,难道君子就是这样不知羞耻为何物吗?"颜回无言以对,到屋里告诉了孔子。孔子愤然推开琴,长叹一声道:"子路和子贡,是小人,叫他们进来,我对他们说。"子路和子贡于是进到屋里。子贡说:"这样子称得上穷困吧。"孔子说:"这是什么话?君子在道上通达才叫通达,在道上穷困才叫真穷困。现在我能坚守仁义大道,因

中国古代教育智慧

姜太公

而遭受乱世的祸乱。这是适得其所,怎么说是穷困呢?所以自我反省而不抱愧于道,面临危难却不丧失自己的德行。严寒已来临,霜雪已到来,我因此知道松柏将更加茂盛。从前齐桓公受难于莒从而崛起,晋文公遭难于曹从而奋进,越王勾践困栖会稽山而后报仇雪恨。陈、蔡的困境,对我来说该是种荣幸吧!"孔子激动地回到琴边弹了起来,子路昂扬地举起盾牌跳了起来。子贡说:"我真是不知道天有多高,地有多厚。"古代得道的人,穷困也快乐,腾达也快乐。快乐并不是因为穷困或腾达,只要内心领会了道,穷困和腾达都会一样快乐,犹如寒暑风雨的更替一样。所以,许由隐居颍水以北照样高兴,共伯在共首山也能自得其乐。

【故事】

姜太公钓鱼

南太公姓姜名尚,又名吕尚,是辅佐周文王、周武王灭商的功臣。他在没有得到文王重用的时候,隐居在陕西渭水边的一个地方。那里是周族领袖姬昌(即周文王)统治的地区,他希望能够引起姬昌的注意,建立功业。

太公常在磻溪旁垂钓。一般人钓鱼,都是用弯钩,上面接着有香味的饵食,然后把它沉在水里,诱骗鱼儿上钩。但太公的钓钩是直的,上面不挂鱼饵,也不沉到水里,并且离水面有三尺高。他一边高高举起钓竿,一边自言自语道:"不想活的鱼儿呀,如果你们愿意的话,就自己上钩吧！"

一天，有个樵夫来到溪边，见太公用不放鱼饵的直钩在水面上钓鱼，便对他说："老先生，像你这样钓鱼，100年也钓不到一条鱼的！"

太公举了举钓竿，说："对你说实话吧！我不是为了钓到鱼，而是为了钓到王与侯！"

太公奇特的钓鱼方法，终于传到了姬昌那里。姬昌知道后，派一名士兵去叫他。但太公并不理睬这名士兵，只顾自己钓鱼，并自言自语道："钓啊，钓啊，鱼儿不上钩，虾儿来胡闹！"

姬昌听了士兵的禀报后，改派一名官员去请太公来。可是太公依然不答理，边钓边说："钓啊，钓啊，大鱼不上钩，小鱼别胡闹！"

姬昌这才意识到，这个钓者必是位贤才，要亲自去请他才对。于是他吃了三天素，洗了澡，换了衣服，带着厚礼，前往磻溪去聘请太公。太公见他诚心诚意来聘请自己，便答应为他效力。

后来，姜尚辅佐文王，兴邦立国，还帮助文王的儿子武王姬发灭掉了商朝，被武王封于齐地，实现了自己建功立业的愿望。

姜太公钓鱼图

中国古代教育智慧

十三、慎大

【原文】

贤主愈大愈惧,愈强愈恐。凡大者,小邻国也;强者,胜其敌也。胜其敌则多怨,小邻国则多患。多患多怨,国虽强大,恶得不惧?恶得不恐?故贤主于安思危,于达思穷,于得思丧。《周书》曰:"若临深渊,若履薄冰。"以言慎事也。

桀为无道,暴戾顽贪,天下颤恐而患之,言者不同,纷纷分分,其情难得。干辛任威,凌轹诸侯①,以及兆民,贤良郁怨。杀彼龙逢②,以服群凶。从庶泯泯③,皆有远志,莫敢直言,其生若惊。大臣同患,弗周而畔。桀愈自贤,矜过善非,主道重塞,国人大崩。汤乃惕惧,忧天下之不宁,欲令伊尹往视旷夏,恐其不信,汤由亲自射伊尹。伊尹奔夏三年,反报于亳,曰:"桀迷惑于末嬉,好彼琬、琰,不恤其众,众志不堪,上下相疾,民心积怨,皆曰'上天弗恤,夏命其卒'。"汤谓伊尹曰:"若告我旷夏尽如诗。"汤与伊尹盟,以示必灭夏。伊尹又复往视旷夏,听于末嬉,末嬉言曰:"今昔天子梦西方有日,东方有日,两日相与斗,西方日胜,东方日不胜。"伊尹以告汤。商涸旱,汤犹发师,以信伊尹之盟,故令师从东方出于国,西以进。未接刃而桀走,逐之至大沙,身体离散,为天下戮。不可正谏,虽后悔之,将可奈何?汤立为天子,夏民大说,如得慈亲,朝不易位,农不去畴,商不变肆,亲邦如夏。此之谓至公,此之谓至安,此之谓至信。尽行伊尹之盟,不避旱殃,祖伊尹世世享商。

武王胜殷,入殷,未下舆,命封黄帝之后于铸,封帝尧之后于黎,封帝舜之后于陈;下舆,命封夏后之后于杞,立成汤之后于宋以奉桑林④。武王乃恐惧,太息流涕,命周公旦进殷之遗老,而问殷之亡故,又问众之所说,民之所欲。殷之遗老对曰:"欲复盘庚之政。"武王于是复盘庚之政⑤;发巨桥之粟,赋鹿台之钱⑥,以示民无私;出拘救罪,分财弃责,以振穷困;封比干之墓,靖箕子之宫,表商容之闾⑦,士过者趋,车过者下;三日之内,与谋之士封为诸侯,诸大夫赏以书社⑧,庶士施政去赋;然后济河,西归报于庙;乃税马于华山,税牛于桃林⑨,马弗复乘,牛弗复服;衅鼓旗甲兵,藏之府库,终身不复用,此武王之德也。故周明堂外户不闭,示天下之不藏也。唯不藏也可以守至藏。武王胜殷,得二虏而问焉,曰:"若国有妖乎?"一虏对曰:"吾国有妖,昼见星而天雨血,此吾国之妖也。"一虏对曰:"此则妖也。虽然,非其大者也。吾国之妖甚大者,子不听父,弟不听兄,君令不行,此妖之大者也。"武王避席⑩再拜之。此非贵虏,贵其言也。故《易》曰:"诉诉履虎尾,终吉。"

赵襄子攻翟,胜老人,中人,使使者来谒之,襄子方食抟饭,有忧色。左右曰:"一

朝而两城下,此人之所以喜也,今君有忧色何?"襄子曰:"江河之大,不过三日;飘风暴雨,日中不须臾。今赵氏之德行,无所于积,一朝而西城下,亡其及我乎?"孔子闻之曰:"赵氏其昌乎!"夫忧所以为昌也,而喜所以为亡也;胜非其难者也,持之其难者也。贤者以此持胜,故其福及后世。齐、荆、吴、越皆尝胜矣,而卒取亡,不达乎持胜也。唯有道之主能持胜。孔子之劲,举国门之关,而不肯以力闻;墨子之守攻,公输盘服,而不肯以兵加。善持胜者,以术强弱。

【注释】

①干辛、凌轹:干辛,夏桀时的宠臣,善阿谀奉承。凌轹,倾轧,欺压。《史记·魏其武安侯列传》曰:"凌轹宗室,侵犯骨肉。"

②龙逢:夏桀时的大臣,因劝谏而遭杀戮。

③泯泯:纷乱。

④桑林:商朝祭祀地,此借桑林指祭祀。

⑤盘庚:商代国君。汤第九代孙。即位前商因多次发生内乱,国势逐渐衰微。即位后,把国都从奄迁到殷,使商复兴。

⑥巨桥、鹿台:巨桥,商代一粮仓名。鹿台,商代一钱库名。

⑦箕子、商容:箕子,商代的贵族。纣王的诸父,官太师。曾劝谏纣王,纣王不听,将其囚禁,武王灭商后被释放。商容,商代贵族。传为商之贤者,被纣王废黜。武王灭商后,曾在间里加以表彰。

⑧书社:古代二十五家为一社,书写社人姓名于册籍称为书社。借指一定数量的土地和一定数量的人口。

⑨税、桃林:税,通"脱",解脱,释放。桃林,古代地区名,又名桃林塞、桃原。

⑩避席:古代人席地而坐,离开座位起立,表示敬意,谓之"避席"。

【译文】

贤明的君主国家越大越忧惧,国家越强盛越忧心。大凡大国总会轻视小国,强国总会战胜自己的敌人。战胜敌国则易招致怨恨,轻视邻国则会埋下许多祸根。隐患多,怨恨多,即使国家强大,又哪能不忧惧,怎能不担心呢?所以,贤明的君主在平安时想到危险,在腾达时想到穷困,在收获时想到丧失。《周书》上说:"如临深渊,如履薄冰。"说的就是要谨慎行事。

夏桀昏庸无道,残暴贪婪,天下惊恐而担忧,众人议论纷纷,言论各不相同,难以获知真实情况。桀的宠臣干辛滥施淫威,欺凌诸侯和广大百姓,贤良之人都心存忧怨。桀杀忠臣龙逢,用以慑服众人。众百姓心潮难平,都有远离之意,只是不敢讲出,活得犹如受惊的马。群臣共愤,离心离德。桀却更加自以为是,颠倒是非,君臣之道严重堵塞,百姓四散奔逃。于是,商汤非常忧惧,怕天下百姓不得安宁,想派伊尹去刺探夏朝的实情,又害怕桀不相信伊尹,于是扬言自己想要亲手杀死伊尹。

吕氏春秋的教育智慧

伊尹逃入夏，三年后，回到亳都，报告汤说："桀迷惑于妹嬉的美色，宠爱琬、琰两小妾，不体恤广大百姓，上下相互猜忌，人民心存怨恨，都说：'老天不保佑，夏朝最终只有灭亡'。"汤对伊尹说："你告诉我的夏朝的情况都和民谣中唱的一样。"汤和伊尹约定，推翻夏朝。伊尹又到夏朝刺探，向妹嬉打听，妹嬉说："昨夜桀梦见西方有个太阳，东方有个太阳，两个太阳打仗，最后西方的太阳胜了，东方的太阳败了。"伊尹把妹嬉的话告诉商汤。当时商国境内正遇大旱，商汤还是起兵，去实现和伊尹的约定，特命军队从东边离开国境，向西进攻夏。双方尚未兵刃相接，夏桀就逃走，商军追至大沙，杀死了夏桀。像夏桀不听劝谏，落得身首异处，还贻笑天下。即使最后悔悟了，又有什么用呢？汤自立为天子，夏国百姓内心欢悦，好比得到慈爱的亲人一样，官员照样上朝，农民照样耕种，商人照样经营，亲近商朝和亲近夏朝没什么分别。这就叫作最公正，这就叫作最安定，这就叫作最诚信。完全执行和伊尹的约定，即使旱灾也不更改，在太庙立伊尹位，让他世世代代享受商的祭祀。

周武王战胜商纣，进入殷都，还没来得及下车，就发命令分封黄帝的后人在铸，封尧的后人在黎，封舜的后人在陈。下车后，命令封夏禹的后人在杞。武王仍旧担忧恐惧，叹息流泪，叫周公旦请来商朝的老臣，问商朝灭亡的缘故，又问民众喜欢什么、百姓想要什么。商朝的老臣们回答说:"想要恢复盘庚当政时的政策。"武王随即恢复了盘庚时的政策;分发巨桥粮仓中的粮食给百姓,分发鹿台钱库里的钱给大众,以表明自己一心为民,决无私心;大赦天下罪犯,分发财物,免除债务,以赈救穷苦百姓;重修比干墓,对箕子的故居和商容居住里巷特别标明,步行的小步快行通过,乘车的下车步行以示恭敬;三天之内,参与谋划伐殷的人全被封作诸侯,众大夫也都奖给相当的田地,改善税赋制度,免除士人的赋税;然后渡过黄河,向西回到太庙,向列祖列宗报告;于是放马归于华山,放牛于桃林,从此,这些马不再用于骑乘,牛不再用于役使;把战鼓、旌旗、盔甲、兵器涂上牲口的血,收入府库,从此不再用。这就是武王的品德。所以,周朝明堂外的大门从不关闭,以此向天下百姓显示自己没有私藏。只有不藏私心才能够保持住最好的藏品——美德。武王战胜商朝,抓到了两个俘虏,问道:"你们国内有妖怪吗?"一人回答说:"我国有妖怪。白天看到星星,天上下过血雨,这就是我国的妖怪。"另一人回答道:"这确实是妖怪,但并不是最大的。我国的大妖怪,非常奇异,儿子不听父亲的,弟弟不听兄长的,君主的命令不能通行,这才是最大的妖怪。"武王起身再拜。这并不是尊重俘虏,是敬重他的话。所以《易经》上讲:"谨慎得像站在老虎的尾巴上一样,终会有好的结果。"

赵襄子派人攻打翟,攻下老人、中人两城,前方派人来报捷时,赵襄子正在吃饭团,听说

后,面露忧虑之色,左右说道:"一天就攻下了两座城池,这正是该高兴的时候,大王为什么面露忧色?"襄子说:"江河发大水,不会超过三天;狂风暴雨,中午过后一会儿就停。现在赵氏没积下什么善德,却一天之内能攻下两座城,难道亡国之祸将降临我国吗?"孔子听说这件事后,说道:"赵氏可能会昌盛了!"因为忧惧是昌盛的根本,沾沾自喜是灭亡的原因;打胜仗并非是件困难的事,保住胜利果实才是真正困难的事。贤明的君主以这种忧惧之心保持胜利果实,所以他的福泽能够传至后世。齐国、楚国、吴国、越国都曾经战胜过他国,可是最终均灭亡,是由于不懂得保持胜果。只有得道的君主才能保持胜果。孔子的力量,能够举起国都大门的门闩,却不肯以勇力传名天下;墨子设立攻守之备,让鲁班这样的巧匠都不得不诚服,却不肯以善用兵闻名天下。看是否善于保持胜果,是分辨国家强弱的好方法。

【故事】

刘邦约法三章得天下

秦朝末年,人民苦于沉重的捐税、繁重的徭役和严酷的刑罚。公元前209年(秦二世元年),陈胜、吴广揭竿而起,全国各地纷纷响应了农民起义。秦王朝的统治,在大规模农民起义的冲击下摇摇欲坠。

刘邦(前256—前195年),字季,沛县丰乡(今江苏省丰县)人。陈胜、吴广在大泽乡起

吕氏春秋的教育智慧

义后,刘邦的老朋友萧何和曹参在沛县做官,他们合谋杀了县令,推举刘邦为沛公,在沛县起兵反秦。刘邦知道自己的力量还不够强大,所以就带领人马投奔项梁,与其并肩作战。项梁牺牲后,楚怀王命令项羽北上救赵,派刘邦西进攻打咸阳,并约定谁先打进咸阳、平定关中,就封谁做关中王。刘邦带兵一路西进,军队所到之处,秦军纷纷投降,刘邦顺利向咸阳推进攻入关中,到达离秦都咸阳只有几十里路的霸上。

刘邦召集各地有威望的父老豪杰到霸上,对大家说:"你们吃尽了秦朝的苦头,现在我和大家约法三章:一,杀人要偿命;二,打伤人要受到惩罚;三,偷盗要被判罪。除此之外,秦朝的法律一律废除。我是替百姓除害的,绝不会再让百姓受苦,请大家相信我,不要害怕。"

刘邦

老百姓相互告知,听说刘邦对他们这般的宽大仁慈,争先恐后地把自家的牛羊、粮、酒等拿出来送给刘邦的军队,犒劳士兵。可刘邦却说:"谢谢乡亲们,仓库里有的是粮食,大家就不要破费了!"百姓看到刘邦如此爱护他们,都希望他能够永远在关中做王,代替秦朝的统治。

由于坚决执行约法三章,刘邦得到了百姓的信任、拥护和支持,最后取得天下,建立了西汉王朝。

十四、察今

【原文】

上胡不法先王之法？非不贤也，为其不可得而法。先王之法经乎上世而来者也，人或益之，人或损之，胡可得而法？虽人弗损益，犹若不可得而法。

东、夏之命①，古今之法，言异而典殊。故古之命多不通乎今之言者，今之法多不合乎古之法者。殊俗之民，有似于此，其所为欲同，其所为欲异。口惽之命不愉②，若舟车衣冠滋味声色之不同，人以自是，反以相诽。天下之学者多辩，言利辞倒，不求其实，务以相毁，以胜为故。先王之法胡可得而法？虽可得，犹若不可法。

凡先王之法，有要于时也，时不与法俱至，法虽今而至，犹若不可法。故择先王之成法③，而法其所以为法。

先王之法所以为法者何也？先王之所以为法者，人也，而已亦人也，故察已则可以知人，察今则可以知古，古今一也，人与我同耳。有道之士，贵以近知远，以今知古，以益所见知所不见④。

故审堂下之阴，而知日月之行、阴阳之变；见瓶水之冰，而知天下之寒、鱼鳖之藏也；尝一脟肉⑤，而知一镬之味⑥、一鼎之调。

荆人欲袭宋，使人先表澭水⑦。澭水暴益，

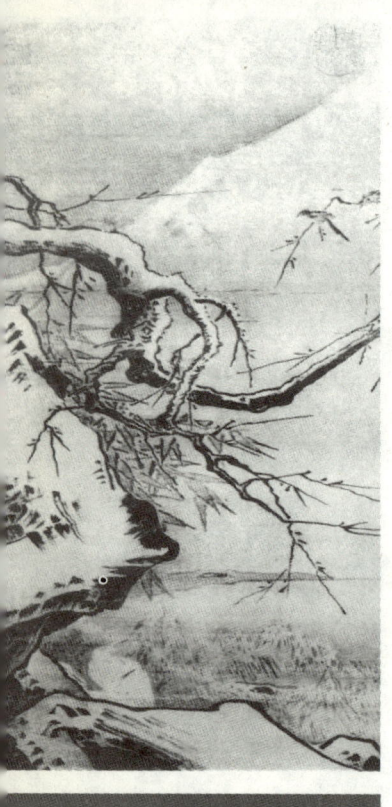

荆人弗知，循表而夜涉，溺死者千有余人，军惊而坏都舍。向其先表之时可导也，今水已变而益多矣，荆人尚犹循表而导之，此其所以败也。

今世之主，法先王之法也，有似于此。其时已与先王之法亏矣，而曰"此先王之法也"而法之。以为治，岂不悲哉！

故治国无法则乱，守法弗变则悖⑧，悖乱不可以持国。世易时移，变法宜矣！譬之若良医，病万变，药亦万变。病变而药不变，向之寿民，今为殇子矣⑨。故凡举事必循法以动，变法者因时而化，若此论则无过务矣。

夫不敢议法者，众庶也；以死守者，有司也；因时变法者，贤主也。是故天下七十一圣，其法皆不同，非务相反也，时势异也。故曰，良剑期乎断，不期乎镆铘；良马期乎千里，不期乎骥骜⑩。夫成功名者，此先王之千里也。

楚人有涉江者，其剑自舟中坠于水，遽契其舟曰："是吾剑之所从坠。"舟止，从其所契者入水求之。舟已行矣，而剑不行，求剑若此，不亦惑乎！以此故法为其国，与此同。时已徙矣，而法不徙，以此为治，岂不难哉！

有过于江上者，见人方引婴儿欲投之江中。婴儿啼，人问其故，曰："此其父善游！"其父虽善游，其子岂遽善游哉？此任物，亦必悖矣。荆国之为政，有似于此。

【注释】

①东、夏：东，指东方的少数民族。夏，指华夏，即中原。

吕氏春秋的教育智慧

②口惽：口吻。
③择：释，放弃。
④益：富裕，引申为多。
⑤胾：通"胔"，切肉成块。
⑥镬：古时指无足的鼎。
⑦表：标帜，标记。
⑧悖：谬误，惑乱。
⑨殇：未成年而死。
⑩骥骜：千里马。骜，骏马。

【译文】

为什么当今的君主不效法古代君王的法制呢？并不是古代君主的法制不好，是因为不能完整、准确地得到它，从而效法它。古代君主的法制经过前代流传下来的，有的被人增益了，有的被人减损了，怎么能原本地得到从而效法呢？即使是没有被人增益、减损，还是不能得到并效法。

东方少数民族和华夏民族的称呼，古代和今天的法制，表述不同，典章制度也并不相同。所以，古代的名称多数不和今天的叫法相同，今天的法律多数不和古代的法律契合。不同习俗的百姓，和上述的相似，他们想要的相同，但是做法却各不相同。各地方言不相通，好比喜好的车船、衣帽、味道、歌舞不相同，人们总以为自己是对的、别人是错的，因此互相讥讽。天下的学者多数善辩，语言犀利、言辞通畅，却不切实际，只知道互相诋毁，把辩赢对方作为目的。古代帝王的法制怎么可能得其实从而去效法呢？即使能得其实，还是不能效法。

大凡古代君主的法制是切合当时的时代，当时的时代不会随当时的法制一同流传至今。古代君主的法制即使流传至今，还是不可以效法。所以，当今的君主应该摒弃古代君主的法制本身，而效法那些制定法制的原则和方针。

古代帝王制定法制的原则是什么呢？古代君主制定法制的原则是以人为本。可自己也同样是人，所以明察自己就可以知道他人，明察今天就知道古代，古今相通，别人和我相同。得道之人，其可贵之处就在于能由近的推知远的，由今天推知古代，推广自己见到的，从而明白自己没有见到的。

所以，审察堂屋下的阴影就能知道日月运行、阴阳变化的情况；看到一瓶水结了冰，就能知道天下的寒冷，鱼鳖之类已经潜藏；尝一小片肉，就能知道一锅肉的调料和味道。

荆人想偷袭宋国，派人先在河上做好标记。水突然暴涨，荆人却不知道，仍依照以前做好的标记在夜色的掩护下徒步过河，淹死了一千多人，士兵就好像是房舍突然倒塌一样惊恐万状。以前荆人设立标记的时候，是可以循着标记过河的，现在水位已经上涨了，荆人却仍旧按照原来设立的标记去渡河，这是他们失败的原因。

当今的君主，效法古代君王的法制，和荆人相似。当今的时代已经和古代君主的法制实行时不同了，却硬要说"这是古代君主的法

吕氏春秋的教育智慧

制"，从而照搬来治理自己的国家。如此，难道不可悲吗？

所以，治理国家没有法制就会混乱，死守法制不知随时代变动就会出现法制上的谬误。混乱和法制谬误都不能保证国家的稳定。想要社会变化、时代变迁，就应该改变法制！比方说好的医生，病不断变化，用药也会不断变化。如果病变化了，用药却不随之而变，那么以前长寿的人到今天就会短命而死！所以，大凡治理国家必须依法行事，随时代的变化不断改进法制，懂得这样的道理，治理国家就不会犯过失。

不敢议论法制的，是普通百姓；用生命维护法律尊严的，是各级官员；随时代不断改进法制，是贤明君主的事。因此，从古至今天下的七十一位圣明君主，他们的法制各不相同，并不是他们的追求目标不相同，而是因为他们所处的时代和当时的形势各不相同罢了。所以说，宝剑是期望它削铁如泥，并不期望它有莫邪的美名；好的马是期望它日行千里，并不期望它有骥骜的美誉。凡是能成就功名的，就是古代君主中的千里马。

楚国有个人过江，他的剑从船上掉进了江水里，他随即在船弦上刻了个记号说："这是我的宝剑掉下去的地方。"船停下来后，他在做了记号的位置跳入江中寻找丢失的宝剑。船已经移动很长的距离，剑却没移动，用这种方法找丢失的宝剑，不是很糊涂吗？用这样的旧法来治理国家，和楚人求剑相同。时代已经发展

吕氏春秋的教育智慧

变化了,治国的法制却不随之改变,用这种方法来治理国家,岂不是会困难重重!

有人从江岸边路过,看到一个人正举着一个婴儿要投到江水中去。婴儿大声啼哭着。那人问他为什么要那样做,他说:"这孩子的父亲擅长游水。"即使孩子的父亲擅长游水,他难道就擅长游水吗?用这种方法处理事物,也必定会产生谬误。楚国处理政事的方法,与此相似。

【故事】

刻舟求剑

古代楚国有一个人出门远行。他在乘船过江的时候,一不小心,把随身带着的剑落到了江中。船上的人都大叫:"剑掉进水里了!"

这个楚国人马上用一把刀在船舷上刻了个记号,然后回头对大家说:"这是我的剑掉下去的地方。"大家都疑惑不解地望着那个刀刻的印记。有人催促他说:"快下水去找剑呀!"楚国人说:"慌什么,我有记号呢。"船继续前行,又有人催他说:"再不下去找剑,这船越走越远,当心找不回来了。"楚国人依旧自信地说:"不用急,不用急,记号刻在那儿呢。"直至船行到岸边停下后,这个楚国人才顺着他刻有记号的地方下水去找剑。可是,他怎么能找得到呢。船上刻的那个记号是表示这个楚国人的剑落水瞬间在江水中所处的位置。掉进江里的剑是不会随着船行走的,而船和船舷上的记号却在不停地前进。等到船行

中国古代教育智慧

刻舟求剑

至岸边,船舷上的记号与水中剑的位置早已风马牛不相及了。这个楚国人用上述办法去找他的剑,不是太糊涂了吗?他在岸边船下的水中,白费了好大一阵工夫,结果毫无所获,还招来了众人的讥笑。

这则寓言告诉我们,用静止的眼光去看待不断发展变化的事物,必然要犯脱离实际的主观唯心主义错误。

十五、正名

【原文】

名正则治①，名丧则乱。使名丧者，淫说也②。说淫，则可不可而然不然，是不是而非不非。故君子之说也，足以言贤者之实，不肖者之充而已矣，足以喻治之所悖③，乱之所由起而已矣，足以知物之情，人之所获以生而已矣。

凡乱者，刑名不当也④。人主虽不肖，犹若用贤，犹若听善，犹若为可者。其患在乎所谓贤从不肖也，所为善而从邪僻，所谓可从悖逆也。是刑名异充，而声实异谓也。夫贤不肖，善邪辟，可悖逆，国不乱，身不危，奚待也？

齐湣王是以知说士⑤，而不知所谓士也，故尹文问其故而王无以应。此公玉丹之所以见信，而卓齿之所以见任也。任卓齿而信公玉丹，岂非以自仇邪？

尹文见齐王，齐王谓尹文曰："寡人甚好士。"

尹文曰："愿闻何谓士！"王未有以应。尹文曰："今有人于此，事亲则孝，事君则忠，交友则信，居乡则悌⑥，有此四行者，可谓士乎？"齐王曰："此真所士已。"尹文曰："王得若人，皆以为臣乎？"齐王曰："所愿而不能得也！"尹文曰："使若人于庙朝中⑦，深见侮而不斗，王将以为臣乎？"王曰："否！大夫见侮而不斗，则是辱也，

吕氏春秋的教育智慧

·113·

辱则寡人弗以为臣矣！"尹文曰："昏见侮而不斗，未失其四行也。未失其四行者，是未失其所以为士一矣。未失其所以为士一，而王以为臣；失其所以为士一，而王不以为臣，则向之所谓士者乃士乎？"王无以应。尹文曰："今有人于此，将治其国，民有非则非之，民无非则非之，民有罪则罚之，民无罪则罚之，而恶民之难治，可乎？"王曰："不可！"尹文曰："窃观下吏之治齐也，方若此也。"王曰："使寡人治信若是，则民虽不治，寡人弗怨也。意者未至然乎！"尹文曰："言之不敢无说，请言其说。王之令曰：'杀人者死，伤人者刑。'民有畏王之令，深见侮而不敢斗者，是全王之令也，而王曰'见侮而不敢斗，是辱也。'夫谓之辱者，非此之谓也，以为臣不以为臣罪之也，此无罪而王罚之也。"齐王无以应。

论皆若此，故国残身危，走而之毂，如卫。

齐湣王，周室之孟侯也，太公之所老也；桓公尝以此霸矣，管仲之辩名实审也⑧。

【注释】

①名：中国古代逻辑中与"实"相对的范畴，指概念或者表达概念的名词，名称。是对实（客观事物）的反映。

②淫说：夸大失实的言辞。

③悖：通"勃"，盛貌。《左传·非相》曰："其兴也悖焉。"

④刑：通"形"，形状，外貌。《荀

子·非相》曰:"故相形不如论心。"

⑤说:通"悦",高兴,愉快。《论语·学而》曰:"学而时习之,不亦说乎。"

⑥悌:顺从长上。《孟子·滕文公下》曰:"于此有人焉:入则孝,出则悌。"

⑦庙朝:庙:指王宫的前殿,朝堂。朝:官府的大堂。《后汉书·刘宠传》曰:"山谷鄙生,未尝识郡朝。"

⑧辩:治理。《左传·昭公元年》曰:"主齐盟者,谁能辩焉。"

【译文】

名实相符,国家就长治久安;名不符实,国家就动荡混乱。使名不符实的,是那些夸大不实的邪说。言论偏邪,就会认同那些不该认可的,肯定那些不该肯定的,就会赞成那些不该赞成的,诋毁那些不该诋毁的。所以说,君子的言论足以说明贤德之人的好处,揭露不肖者的面目就行了,足以说明国家治理得兴盛和国家为何混乱的原因就行了,足以说明万物的本质以及人们获得它们便能生存下去的原因就行了。

国家混乱,其原因大都是名与实不相符。国君即使不贤明,他仍然可以用贤臣、听善言,仍然可以做合理的事,现在的隐患在于所谓用贤能的人,实际上任用的是不肖之人;所谓听取善言,实际上偏听邪僻之说;所谓做合理的事,实际上干出一些荒谬无道之事。这就是形与名在实质上不相符,称呼与内容不相同。以不肖者为贤人,以邪僻之说为善言,以

中国古代教育智慧

荒谬之事为合理之事，国家不混乱，国君自身不受危害，这怎么可能呢？

齐湣王喜欢士，却不知什么是真正的士。所以尹文问他喜欢士的原因，他却回答不上来。这就是公玉丹受宠信、卓齿被任用的原因。重用卓齿、宠信公玉丹，难道不是自寻仇人吗？

尹文拜见齐王，齐王对尹文说："我很喜好士。"

尹文说："我很想知道什么人才算真正的士？"齐王无以应答。尹文说："现有人在此，侍奉父母很孝顺，侍奉国君很忠心，交朋友很诚信，居处乡里很尊敬长者，这四种美好品行都具备的人，算不算是真正的士？"齐王回答说："这当然算是真正的士。"尹文又问："如果国君得到这个人，愿意任用他为大臣吗？"齐王说："当然愿意，但是不可能得到啊！"尹文又问："假使这人在朝堂之中，受到深深的侮辱而不争斗，你还会任用他为臣吗？"齐王说："不会！大丈夫受到欺侮而不争斗，就是一种耻辱，他愿意忍受耻辱，我当然不会任用他为臣！"尹文说："虽然受了侮辱而不争斗，但并没有丧失四种美德。没有丧失四种美德，就没有丧失为士的条件。虽然没有丧失为士的条件，但国君先要任用他为臣，后又不任用他为臣，那先前所说的士是真正的士吗？"齐王无以回答。

齐王的理论就如尹文所说，所以他弄得国家灭亡，自身也遇到危害，最终逃到了卫国。

齐湣王是周朝的大诸侯，齐国是周朝的一等

诸侯国,太公为它奉献力量直到年岁已高,齐桓公曾以它称霸诸侯,是因为管仲治理国家时详细而又缜密。

【故事】

叶公好龙

叶公好龙

从前有位叶公,特别喜欢龙。他屋内的梁、柱、门、窗,都请巧匠雕刻上龙纹,雪白的墙上也请工匠画了一条条巨龙,甚至他家穿的衣服、盖的被子、挂的蚊帐上也都绣上了活灵活现的金龙。

方圆几百里都知道叶公好龙。天上的真龙听说以后,很受感动,亲自下来探望叶公。巨龙把身子盘在叶公家客堂的柱子上,尾巴拖在方砖地上,头从窗户里伸进了叶公的书房。叶公一见到真龙,登时吓得面色苍白,转身逃跑了。

这个故事告诉我们:识别一个人,不是看他的宣言,而要看他的行动。叶公平时总说他爱龙,甚至做出了很多爱龙的表现,但是,一旦真龙出现,他那怕龙的本质便立即暴露无遗了。

十六、高义

【原文】

君子之自行也，动必缘义，行必诚义，俗虽谓之穷，通也；行不诚义，动不缘义，俗虽谓之通，穷也；然则君子之穷通，有异乎俗者也。故当功以受赏，当罪以受罚。赏不当，虽与之必辞；罚诚当，虽赦之不外①。度之于国，必利长久。长久之于主，必宜内反于心不惭然后动。

孔子见齐景公，景公致廪丘以为养②，孔子辞不受，入谓弟子曰："吾闻君子当功以受禄。今说景公，景公未之行而赐之廪丘，其不知丘亦甚矣。"令弟子趣驾③，辞而行。孔子布衣也，官在鲁司寇，万乘难与比行，三王之佐不显焉，取舍不苟也夫！

子墨子游公上过于越。公上过语墨子之义，越王说之，谓公上过曰："子之师苟肯至越，请以故吴之地，阴江之浦，书社三百，以封夫子。"公上过往复于子墨子。子墨子曰："子之观越王也，能听吾言、用吾道乎？"公上过曰："殆未能也。"墨子曰："不唯越王不知翟之意，虽子亦不知翟之意。若越王听吾言、用吾道，翟度身而衣，量腹而食，比于宾萌④，未敢求仕。越王不听吾言，不用吾道，呈以全越以我，吾无所用之。越王不听吾言，不用吾道，而受其国，是以义翟也，义翟何必

吕氏春秋的教育智慧

越,邑于中国亦可。"凡人不可不熟论,秦之野人,以小利之故,弟兄相狱,亲戚相忍;今可得其国,恐亏其义而辞之,可谓能守行矣;其与秦之野人相去亦远矣。

荆人与吴人将战,荆师寡,吴师众,荆将军子囊曰:"我与吴人战,必败。败王师,辱王名,亏壤土,忠臣不忍为也。"不复于王而遁⑤。至于郊,使人复于王曰:"臣请死。"王曰:"将军之遁也,以其为利也。今诚利,将军何死?"子囊曰:"遁者无罪,则后世之为王将者,皆依不利之名而效臣遁。若是则荆国终为天下挠。"遂伏剑而死。王曰:"请成将军之义。"乃为之桐棺三寸⑥,加斧锧其上⑦。人主之患,存而不知所以存,亡而不知所以亡,此存亡之所以数至也。郏、岐之广也,万国之顺也,从此生矣。荆之为四十二世矣,尝有干豀、白公之乱矣,尝有郑襄、州侯之避矣,而今犹为万乘之大国,其时有臣如子囊与?子囊之节,非独厉一世之人臣也。

荆昭王之时,有士焉,曰石渚。其为人也,公直无私,王使为政。道有杀人者,石渚追之,则其父也。还车而返,立于廷曰:"杀人者,仆之父也。以父行法,不忍;阿有罪,废国法,不可。失法伏罪,人臣之义也。"于是乎伏斧锧,请死于王。王曰:"追而不及,岂必伏罪哉?子复事矣。"石渚辞曰:"不私其亲,不可谓孝子。事君枉法,不可谓忠臣。君令赦之,上之惠也。不敢废法,臣之行

也。"不去斧锧,殁头乎王廷⑧。正法枉必死,父犯法而不忍,王赦之而不肯,石渚之为人臣也,可谓忠且孝矣。

【注释】

①赦:免除或者减轻犯人的罪责或者刑罚。

②廪丘:古代邑名,春秋齐地,在今山东省境内。

③趣(cù):急促。《后汉书·光武纪上》曰:"于是光武趣驾南辕,晨夜不敢入城邑,舍食道傍。"

④宾萌:战国时对外来客民的称谓。

⑤遁:逃。《后汉书·刘宠传》曰:"乃轻服遁归。"

⑥桐棺:桐木做的粗劣棺材。《墨子·节葬下》曰:"禹葬会稽之山,衣衾三领,桐棺三寸,葛以缄之。"

⑦锧(zhì):古代腰斩用的垫座。

⑧殁:死亡。《史记·屈原贾生列传》曰:"伯乐既殁兮,骥将焉程兮?"

【译文】

君子在行动时,举动一定要遵循道义,言行一定要诚于道义,即使世俗认为这是行不通的,君子也会认为这是行得通的;言行不诚于道义,举动不遵循道义,即使世俗认为这是行得通的,君子也会认为这是行不通的;既然这样,那么君子认为通与不通的观念,与世俗的看法是有所不同的。所以,有功就受赏,有罪就受罚。无功而赏，即使赐与也会推辞不受；有罪应当受罚，即使赦免也不肯接受。用这种观点来考虑问题，则会对国家有利、对国君有利，于内心深处反省，直到感觉不会有丝毫惭愧然后才行动。

孔子拜见齐景公，齐景公把廪丘封给他作为他的食邑，孔子推辞不接受，出来后对弟子说："我听说君子有功才接受俸禄。现在我劝景公，景公还未施行我的主张，便把廪丘封给了我，说明他太不了解我了。"叫他的弟子赶快驾车，辞别景公后就走了。孔子是平民百姓，在鲁国官任司寇，万乘之国的君主都不能与他相比，辅佐三王的大臣都赶不上他的显达，这是因为他在处理取与舍的问题上丝毫不会苟且！

子墨子让公上过到越国游说。公上过阐释了墨家的主张，越王听后很高兴，对公上过说："你的老师如果愿意到越国来，请允许我用原来吴国的土地，即阴江沿岸三百社的人民和土地封给他。"公上过回去后把这些情况告诉给了子墨子。子墨子说："以你对越王的观察来判断，他会不会采纳我的言行，实施我的主张？"公上过说："恐怕不能吧！"墨子说："不只是越王不理解我，就连你也不理解我。如果越王肯采纳我的言辞，实施我的主张，我会量体裁衣，量肚吃饭，跟外来客民一样，不敢去谋求官职。越王若不采纳我的言辞，不实施我的主张，即使把整个越国给我，又有什么用呢？越王不采纳我的言辞，不实施我的主张，

而封地于我,是想用道义来交换我。用道义来交换我,又何必局限在越国,即使是在整个中原地区的各国都可以。"作为人,做事不能不详细审察。秦国的老百姓为了争得一点小利,便出现弟兄间相互告上官府、亲戚间互相残杀的惨状。现在墨子能得到越国的大片土地,但他担心有损于道义而推辞不接受,可以算是能遵守操行了;秦国的老百姓与他比起来,相差很远了。

荆国与吴国即将交战,荆国军队人数少,吴国军队人数多,荆国将军子囊说:"我们与吴国交战,一定会打败仗。这样就使荆国军队溃散,使君主声名被玷污。使荆国领土丧失,忠臣不忍这样办。"他没有向荆王告白就撤兵了。子囊带军队到达都城外,派人向荆王转达他的请求,说:"请处我死刑。"荆王说:"将军撤兵,是因为这样做有利。现今确实对国家有利,将军为什么还请处死刑呢?"子囊说:"临阵撤兵的将军不受惩罚,那么今后为王率领军队的人,都会借不利于国家的名义来效法我而退缩。倘若这样,则荆国最终还是天下的弱者。"于是以剑自刎。荆王说:"允我成全将军的义节。"于是赐子囊一具桐木棺材,上面放置斧锧。一国之主忧虑的是,社稷存而不知为什么存,社稷亡而不知为什么亡,这就是存亡之危多次出现的原因。荆为国者已有四十二世,这期间有像子囊这样的人臣吗?子囊的节操,不仅仅激勉了一代人臣。

荆昭王时，有一个名叫石渚的士。这个人为人处世公正无私，昭王任命他为执法官。有个杀人的逃犯，石渚拼命地追赶，追赶上后才发现杀人者是自己的父亲。他驾车返回，站在朝堂上对君王说："杀人的那个人，是我的父亲。如果对父亲执行刑法，我于心不忍；但我父亲有罪，如果不施刑，则废弃了国家的法令，包庇了有罪的人，是不能这样做的。现在我执法时犯了过错，应当受到惩罚，这是为人臣应有的道义。"于是伏在斧、锧这些刑具上，请求国君处死他，国君说："你追赶罪犯没追赶上，难道一定要受罚吗？你还是重新担任你的官职吧。"石渚推辞说："对自己的父亲不偏私，不能算是孝子。侍奉国君而歪曲法律，不能算是忠臣。国君赦免我，是国君赐给我的恩惠。但我不敢废弃法律，这是人臣的品行。"他不离开斧、锧这些刑具，在朝堂上刎颈而死。按照公正的法律办事，违法一定会被处死，但父亲犯了法而自己又不忍心执法，虽然国君赦免了，但他自己又不肯接受。石渚作为臣子，可以说是一个既忠君又孝亲的好臣子。

【故事】

申鸣忠孝不能两全

楚国有一个读书人叫申鸣，他是楚国人人皆知的孝子，楚惠王想请他做宰相，他拒绝了，而一心在家侍奉父亲。他的父亲知道了这件事后说："楚王想请你做宰相，你为什么不去做

中国古代教育智慧

白公胜像

呢？"申鸣答道："为什么我不做父亲的孝子，而要做王的忠臣？"他的父亲说："做宰相能够造福于国家，在朝廷里有地位，你能实现你的抱负，你做得开心我也会觉得愉快，所以你去做宰相吧。"申鸣说："好的。"于是答应了楚王的要求，成为楚国的宰相。

过了三年，白公胜作乱，申鸣要为楚王征战，铲除他。他的父亲阻止他说："你怎么能丢下父亲一人，自己去牺牲，这样做是不孝的啊。"申鸣说："听说做官的人，身体归人主所有，而俸禄送给双亲，现在我既然已经抛开人子的身份去侍奉人主，不应该为他牺牲吗？"于是，申鸣辞别双亲到战场上去了，并用兵包围了白公胜。

白公胜对手下石乞说："申鸣是天下的勇士，现在用兵包围我，我该怎样办？"石乞说："申鸣也是天下的孝子，如果劫持他的父亲，申鸣一定会听服于我们了。"白公胜接受这个建议，立刻派兵劫持了申鸣的父亲，并告知申鸣："归附于我，打败楚国后，我同你分享楚国；如果你不归附于我，你的父亲就要被杀。"申鸣流下眼泪说："当初我是父亲的孝子，现在是人主的忠臣；我接受了俸禄，要尽自己的能力去为主人做事，现在我不可能做我父亲的孝子了，还能不做国君的忠臣吗？"他狠下心来，派兵攻打白公胜，申鸣的父亲也被白公胜杀害了。

战争取得胜利归来后，楚惠王非常高兴，赏给申鸣一百两黄金，申鸣说："我受了您的俸禄，就应该为您办事,这才是忠臣;为安定主人的政权,我间接杀了自己的父亲,这不是孝子的行为,忠孝不能两全啊。如果这样活着,还有什么颜面立于天下?"于是申鸣自杀了。

孝子申鸣面对"父亲"与"国家"孰重孰轻的问题时,内心煎熬,最终他选择了为国家尽忠。等完成任务时,再结束自己的性命为父亲尽孝,这种大智大爱的精神不是一般人可以做到的啊!

吕氏春秋的教育智慧

新安申鸣文化墙

安徽新安是楚国大夫申鸣的故里,现在镇内存有楚国郡城申鸣城遗迹,申鸣以忠孝著称,古今闻名。为了纪念申鸣,新安建造了一座申鸣文化墙。

中国古代教育智慧

十七、达郁

【原文】

凡人三百六十节,九窍五藏六府。肌肤欲其比也,血脉欲其通也,筋骨欲其固也,心志欲其和也,精气欲其行也,若此则病无所居而恶无由生矣。病之留、恶之生也,精气郁也。故水郁则为污,树郁则为蠹,草郁则为蒉①。国亦有郁。主德不通,民欲不达,此国之郁也。国郁处久,则百恶并起,而万灾丛至矣。上下之相忍也,由此出矣。故圣王之贵豪士与忠臣也,为其敢直言而决郁塞也②。

周厉王虐民,国人皆谤。召公以告曰:"民不堪命矣。"王使卫巫监谤者,得则杀之。国莫敢言,道路以目③。王喜,以告召公曰:"吾能弭谤矣④。"召公曰:"是障之也,非弭之也。防民之口,甚于防川;川壅而溃⑤,败人必多。夫民犹是也。是故治川者决之使导,治民者宣之使言。是故天子听政,使公卿列士正谏,好学博闻献诗,矇箴师诵⑥,庶人传语,近臣尽规,亲戚补察,而后王斟酌焉。是以下无遗善,上无过举。今王塞下之口,而遂上之过,恐为社稷忧。"王弗听也。三年,国人流王于彘。此郁之败也。郁者,不阳也。周鼎著鼠,令马履之,为其不阳也。不阳者,亡国之俗也。

管仲觞桓公⑦,日暮矣,桓公乐之而征烛。管仲曰:"臣卜其昼,未卜其夜。君可以出矣。"公不说，曰："仲父年老矣，寡人与仲父为乐将几之？请夜之。"管仲曰："君过矣。夫厚于味者薄于德，沉于乐者反于忧；壮而怠则失时，老而解则无名。臣乃今将为君勉之，若何其沉于酒也？"管仲可谓能立行矣。凡行之堕也于乐，今乐而益饬；行之坏也于贵，今主欲留而不许。伸志行理，贵乐弗为变，以事其主，此桓公之所以霸也。

列精子高听行乎齐湣王，善衣东布衣，白缟冠，颡推之履⑧，特会朝雨祛⑨步堂下，谓其侍者曰："我何若？"侍者曰："公姣且丽。"列精子高因步而窥于井，讌然恶丈夫之状也，喟然叹曰："侍者为吾听行于齐王也，夫何阿哉？又况于所听行乎？万乘之主，人之阿之亦甚矣，而无所镜，其残亡无日矣。孰当可而镜？其唯士乎？人皆知说镜之明己也，恶士之明己也，镜之明己也功细，士之明己也功大。得其细，失其大，不知类耳。"

赵简子曰："厥也爱我，铎也不爱我。厥之谏我也，必于无人之所；铎之谏我也，喜质我于人中，必使我丑。"尹铎对曰："厥也爱君之丑也，而不爱君之过；铎也爱君之过，不爱君之丑。臣尝闻相人于师，敦颜而土色者忍丑。不质君于人中，恐君之不变也。"此简子之贤也。人主贤则人臣之言刻。简子不贤，铎也卒不居赵地，有况乎在简子之侧哉？

【注释】

①蠹、蒉：蠹，蛀虫。蒉（kuì），草编的

筐子。《论语·宪问》曰:"有荷蒉而过孔氏之门者。"

②决:开水道,导引水流。《孟子·告子上》曰:"决诸东方则东流,决诸西方则西流。"

③道路以目:指百姓慑于暴政,路上相见,仅能以目示意,不敢交语。《三国志·魏志·董卓传》曰:"百姓嗷嗷,道路以目。"

④弭(mǐ)谤:遏止非议。

⑤壅:阻塞。《左传·宣公十二年》曰:"川壅为泽。"

⑥矇:即"蒙"的繁体字,指睁眼瞎。

⑦觞:向人敬酒或自饮。

⑧颡(sǎng):推,这里指鞋头高的意思。

⑨袪:撩起。《韩诗外传·卷三》曰:"袪衣请受业。"

【译文】

人都有三百六十个关节,有九窍、五脏、六腑。想使肌肤细腻,使血脉通畅,使筋骨强健,使心志平和,使精气运行,如能这样,则疾病在体内无所居处,病痛也就会无处产生。疾病停留,病痛产生,都是因为精气郁结。所以,水郁结不疏通,就会变成污水一潭,树郁结不通就会生蛀虫,草郁结则干枯终为草筐。国家也会有郁结。君主的德行不通达,人民的愿望无所实现,这些都是国家的郁结。国家郁结的时间太长了,许多毛病都会冒出来,各种灾难都会接踵而至。上上下下相互残害,就是由于国家有郁结。所以,圣明的君主贵在重用豪杰之士和忠贞之臣,因为他们敢于直谏君主,从而疏通国家的郁结和栓塞。

　　周厉王对待人民暴虐残忍,国人纷纷非议指责他。召公把这种情况禀告给周厉王,说:"人民不能忍受你的统治了。"周厉王便派卫国的巫师监视非议的人们,一旦听到有人非议,便抓起来杀头。国人再也不敢非议,即使是在路上遇到,也只能以目示意,不敢交谈,周厉王很高兴,告诉召公说:"我能够遏止非议了。"召公说:"你这是堵住人民的口,而不是消除谤言。堵塞人民之口的危害远远大于堵塞河流的危害。河水被阻塞,一旦决堤,必定会伤害很多人。人民之口被封,也如河水被阻一样。所以,治理河流应疏通水道,导引水流。治理人民应开导百姓,让他们畅所欲言。因此,天子在处理朝政时,让公卿列士直言进谏,让好学博闻的人献上讽谏之诗,让乐师进献箴言,吟诵设喻之诗,让老百姓尽情言语,亲近之臣尽管直言,亲戚们以察补天子之漏,然后忠言劝谏,最后天子仔细考虑,再行取舍。就因为这样,老百姓中才不会出现遗漏的忠言,上层统治者也不会有错误的举动,现在君王堵塞老百姓的嘴,就是你的过失,这恐怕会成为国家的隐患。"但周厉王不听劝谏。三年后,国人将周厉王流放到了彘。这就是国家郁结而引发的失败。郁结,就是隐患,是不表露在外的忧患。周鼎上刻着老鼠,再刻着马踩老鼠,因为老鼠是不属阳的。不属阳,就是亡国的征兆。

吕氏春秋的教育智慧

中国古代教育智慧

　　管仲宴请齐桓公畅饮，天已经晚了，齐桓公仍乐此不疲，要求秉烛对饮。管仲说："我与你饮酒，只占卜过白天，没有占卜过夜晚，请国君回宫吧。"齐桓公很不高兴，说："仲父你年岁已高，我与你在一起饮酒作乐的日子不多了，请继续夜饮。"管仲说："你错了。凡是看重美味者德行必薄，沉醉于享乐者心必忧；壮年时懈怠就会失去好时机，老年时懈怠就会功名无成。我从今以后将时时劝勉你，怎能让你沉溺于宴饮中？"管仲可称得上是树立了高尚品行。大凡行为堕落者大都因为沉溺于享乐，现在正在享宴饮之乐就更应谨慎，德行败坏往往因为地位过于尊贵，现在国君想留下来而管仲却不答应。申明自己的志向，言行合乎情理，不因地位尊贵和享乐而改变这一切，有这样的人侍奉齐桓公，所以他能称霸诸侯。

　　齐湣王对列精子高的话言听计从，列精子高喜欢穿绢做的衣服，戴白绢的帽子，穿高头的鞋子，有一次黎明时分刚好有雨，他便故意撩起衣裳在庭堂上走来走去，并且向侍者问道："我现在这样子怎么样？"侍者回答道："你又漂亮又美丽。"列精子高便走到井边照着，看自己的样子，显然是一个丑陋的人的形象，他长叹一声说："侍者仅因为齐王听我的，便说我美，这不是曲意吹捧我吗？又何况是对我言听计从的、拥有万辆兵车的齐王，人们曲意迎合他的情况会更加严重，但他没有镜子照见自己的本来面目，长此下去，国家破败，自身灭亡的日子将不远了。那谁可以当镜子让他照见自身的缺点？恐怕只有贤士了吧！"人人都喜欢用镜子照自己，而讨厌贤士指明自己的过错。镜子照见自身形象，功劳很小；贤士指出自己的缺点，功劳很大。得到功劳小的，失去功劳大的，可以说是不知道类比。

赵简子说："赵厥很爱我，尹铎不爱我。赵厥劝谏我时，一定会在没有人的地方，而尹铎劝谏我时，总喜欢在人多时当面指责我的过错，让我当众出丑。"尹铎说："赵厥只害怕你当众出丑，而不担心你的过失；而我担心你的过错，而不害怕你当众出丑。我曾经从相面的老师那里听说过，凡是相貌敦厚、脸色黄的人都能够忍受当众出丑。国君则属于这种人，不当众指出你的过错，我担心你不会改正缺点。"这就是赵简子的贤明之处。人主贤明，他的臣子劝谏之言就会很尖刻。假若赵简子不贤明，尹铎最终决不会居住在赵地，更何况是生活在赵简子的身边呢？

【故事】

商纣王酒池肉林终亡国

在中国古代的各个朝代末期，统治者多昏庸淫乐、残暴无度。相传，商朝的最后一个皇帝纣王也是这样一个人。纣王，又称帝纣，子姓，帝乙少子。纣青年时才思敏捷，武力超凡。但随着商朝的没落，他逐渐变得贪图享乐、荒淫无度，不仅喜好喝酒，还沉迷于女色之中，尤其宠爱妃子

中国古代教育智慧

商纣王

帝辛（？—约前1066年），本名受德，帝号辛王，后世称商纣王，是商朝最后一位君主。帝辛在位后期，居功自傲，耗巨资建鹿台，过着穷奢极欲的生活，使国库空虚。他刚愎自用，听不进正确意见，在上层形成了反对派。约公元前1066年，周武王联合其他小国，对商朝发起进攻，牧野之战，大批俘虏倒戈，周兵攻陷朝歌。帝辛自焚于鹿台，商亡。

妲己，常常彻夜嗜酒寻欢。

为了讨妲己的欢心，商纣王不顾百姓的疾苦，下令从各地收集奇珍异宝，不断在宫廷里扩建园林楼台，举行各种宴会，表演各种音乐、舞蹈、游戏。他还让人挖了许多大池子，然后用酒把池子灌满，供数千人狂饮不止；他又让人把熟肉悬挂起来，看上去像树林一样，人们可随便伸手摘取食用，这就是著名的"酒池肉林"。

面对商纣王这样无度的淫乐，很多大臣都埋怨责备他，甚至背叛了他，商纣王于是加重了刑罚。反对他的人，甚至向他提出劝谏的亲信臣僚，都被施以重刑，轻者终生残疾，重者全家丧命。商纣王还设置了名叫"炮烙"的酷刑，用青铜铸造一根中间空的柱子，让"罪人"赤脚在烧红的铜柱子上走，走不过去就掉在下面的火里被活活烧死。

商纣王知道大臣九侯有一个美丽的女儿，就要求献给自己。九侯不得已只能把女儿献给了商纣王。但九侯的女儿看不惯商纣的荒淫无耻，商纣王竟一怒之下杀了她和九侯，然后剁成肉酱，赏给诸侯们分吃。大臣鄂侯来劝阻，商纣就把鄂侯也做成了肉干。

再也没有大臣敢劝谏了，商纣王更加淫乱、残暴。这时，商纣王的叔父比干认为大臣如果不能冒死劝谏国君，还算什么忠臣！于是，他态度强硬地劝谏商纣王。商纣大怒说："你这样做是想当圣人吧？我听说圣人的心脏有七个孔，你有吗？"说着就下令剖开比干的胸

吕氏春秋的教育智慧

膛，取出了他的心脏。

商纣王的残暴，激起了越来越多诸侯的反对。此时，地处商朝西边的一个属国——周日益强盛，最终在牧野之战中打败了商军。绝望的商纣王在鹿台穿上他的宝玉衣，投火自焚而死。残暴不仁的商纣王自取灭亡，周朝正式取代了商朝。

牧野之战

十八、爱类

【原文】

仁于他物，不仁于人，不得为仁。不仁于他物，独仁于人，犹若为仁。仁也者，仁乎其类者也。故仁人之于民也，可以便之，无不行也。

神农之教曰："士有当年而不耕者，则天下或受其饥矣，女有当年而不绩者，则天下或受其寒矣①。"故身亲耕，妻亲织，所以见致民利也。

贤人之不远海内之路，而时往来乎王公之朝，非以要利也，以民为务故也。人主有能以民为务者，则天下归之矣。

王也者，非必坚甲利兵选卒练士也，非必隳人之城郭②，杀人之士民也。上世之王者众矣，而事皆不同，其当世之急、忧民之利、除民之害同。

公输般为高云梯③，欲以攻宋。墨子闻之，自鲁往，裂裳裹足，日夜不休。十日十夜而至于郢。见荆王④曰："臣北方之鄙人也，闻大王将攻宋，信有之乎？"王曰："然！"墨子曰："必得宋乃攻之乎？亡其⑤不得宋且不义犹攻之乎？"王曰："必不得宋，且有不义，则曷为攻之？"墨子曰："甚善。臣以宋必不可得！"王曰："公输般，天下之巧工也，已为攻宋之械矣。"墨子曰："请令公输般试攻之，臣请试守之。"

吕氏春秋的教育智慧

于是公输般设攻城之械,墨子设宋守城之备。公输般九攻之,墨子九却之,不能入。故荆辍不攻宋。墨子能以术御荆免宋之难者,此之谓也。

圣王通士,不出于利民者无有。

昔上古龙门未开,吕梁未发,河出孟门,大溢逆流,无有丘陵沃衍⑥,平原高阜,尽皆灭之,名曰鸿水。禹于是疏河决江,为彭蠡之障⑦,干东土,所活者千八百国。此禹之功也。勤劳为民,无苦乎禹者矣。

匡章谓惠子⑧曰:"公之学去尊,今又王齐王,何其到也⑨。"惠子曰:"今有人于此,欲必击其爱子之头,石可以代之。"匡章曰:"公取之代乎,其不与?""施取代之。子头所重也,石所轻也,击其所轻以免其所重,岂不可哉?"匡章曰:"齐王之所以用兵而不休,攻击人而不止者,其故何也?"惠子曰:"大者可以王,其次可以霸也。今可以王齐王,而寿黔首之命⑩,免民之死,是以石代爱子头也,何为不为?"

民寒则欲火,暑则欲水,燥则欲湿,湿则欲燥。寒暑燥湿相反,其于利民一也。利民岂一道哉?当其时而已矣。

【注释】

①神农、当年、绩:神农,书名,为六朝时人托神农之民所著,早佚。当年,丁年,壮年。绩,缉麻线,借指纺织。

②隳(huī):毁坏。《老子》曰:"或挫或

隳。"

③公输般：即鲁班。战国时鲁国人，曾创造攻城的云梯等。

④荆王：指楚惠王。

⑤亡其：抑或，还是。

⑥无有、衍：无有，不论。衍，低而平坦之地。张衡《西京赋》曰："尔乃广衍沃野，厥田上上。"

⑦彭蠡：即今鄱阳湖。

⑧匡章、惠子：匡章，战国时人，孟子弟子。惠子，即惠施，战国时宋国人，善诡辩。

⑨到：通"倒"，颠倒。《庄子·外物》曰："草木之到植者过半，而不知其然。"

⑩黔首：战国及秦代对国民的称谓。

【译文】

对其他的东西仁慈，对人类不仁慈，不能算仁；对其他的东西不仁慈，对人类却仁慈，还是算仁。仁，是对自己的同类仁。所以仁慈的人对于百姓，只要能让他们得到好处，什么事都会努力去做。

《神农》书上告诫我们说："假如有壮年人不从事耕种，那么天下就会有人因他而受饿；成年女子不从事纺织，那么天下就会有人因她受冻。"所以神农氏亲自耕种，他妻子亲自纺织，这是为了显示他十分关心人民的利益啊！

贤明的人不嫌四海之内路途遥远，经常来往于王公贵族之间，并非是要谋取私利，是由于他们把为百姓谋利当作自己的责任罢了。如果君主能够把为民谋利当作自己的职责,那么天下的百姓就会归顺。

统一天下,并非一定要有坚固的盔甲、锋利的兵器和经过选拔与训练的士兵;并非一定要毁坏别国的城池,杀害别国的百姓。古代统一天下的人很多,他们治理国家的做法各不相同,但努力解决社会的急难、关心百姓的利益、革除危害百姓的弊政,这些是相同的。

鲁班为楚国制造长云梯,将要用来攻打宋国。墨子听说后,从鲁国起身,撕裂衣服裹脚,日夜不停地走,经过十天十夜才来到楚国都城郢。他拜见楚惠王说:"我是北方的鄙俗之人,听说大王将要攻打宋国,确实有这种事吗?"楚惠王说:"确实如此。"墨子说:"您肯定能攻占宋国才攻打呢?还是不能攻占,又冒不义之名仍要去攻打呢?"楚惠王说:"一定不能攻占宋国,又冒不义之名,我竭力攻打它干什么呢?"墨子说:"很好。我认为您一定不能攻占宋国。"楚惠王说:"鲁班是天下公认的能工巧匠,已经替我做好攻打宋国的工具。"墨子说:"请让鲁班试攻一下,我来试守。"

于是鲁班设置攻城的器械,墨子设置守宋城的防备。鲁班进攻了无数次,墨子防住了无数次,鲁班始终不能攻入宋城。所以,楚国放弃了攻打宋国的计划。墨子设法抵御楚国,使宋国幸免于难,讲的就是这个道理。

圣明的天子和通达之士,没有一个不是出于为百姓谋利考虑的。

吕氏春秋的教育智慧

中国古代教育智慧

　　从前上古时代龙门山没有凿开，吕梁山没有打通，黄河流过孟门就四处泛滥，无论是丘陵沃野还是平原高地，都被淹没了，这就叫作洪水。于是，大禹疏通河道、分泄江水，在鄱阳湖设立堤防，使东方土地远离洪水，一共挽救了一千八百国人民的性命。这是大禹的功劳。为人民辛苦奔走，没有人比大禹更能吃苦的了。

　　匡章对惠子说："您主张去尊，现在又为齐国效力，言行多么不一啊！"惠子说："现在这里有个人，坚决要打他心爱的儿子的头，如果可以用石头代替，您是用石头代替呢，还是不？"惠子接着说："我用石头代替。对我来说，儿子的头是贵重的，石头是轻贱的。打轻贱的东西而保全重的东西，难道不可以吗？"匡章说："齐王对邻国用兵不止，攻打他人不停，是什么原因呢？"惠子说："从大的方面说可以统一天下，其次可以当霸主。现在我为齐王效力，能够延长百姓的寿命，保全百姓的性命，正是用石头代替儿子的头，为什么不干呢？"

　　百姓在寒冷的时候就想要火，夏天就想要冰，干燥的时候就向往湿润，潮湿的时候就向往干燥。寒冷的冬天和酷热的夏天，干燥和潮湿是完全相反的，但在有利于人民这一点上则是统一的。为民谋利的道路难道只有一条吗？只是根据当时的实际来决定罢了。

吕氏春秋的教育智慧

【故事】

梁楚浇瓜

春秋时期，各个诸侯国之间为了扩张领土，战争不断。天下的百姓生活在水深火热之中，他们盼着国界上偃旗息鼓、和平安宁，甚至连士兵们也有这样的愿望。

梁国和楚国交战，但是士兵们都不愿意先发动战争，于是两支军队在两国交界处对峙着。许久没有战事，两国的士兵也就减少了敌意。先是梁国的士兵想着在家乡种田的好时光手痒痒了，于是在梁国一侧种起了瓜。楚国的士兵望着梁国士兵在田间忙碌的样子，很是羡慕，于是在楚国一侧也种上了瓜。

梁国士兵们做起农活儿来非常勤奋，瓜种上后，经常挑水浇地，松土施肥，眼看着瓜苗茁壮地长了起来。楚国的士兵们养成了傲慢的性情，对农活儿不屑一顾，瓜种上了，却从来没有侍弄过。到了收获的季节，梁国的瓜田长出了又大又甜的瓜。士兵们每天都到瓜田摘瓜，性急的就在地里打开瓜开怀痛吃。楚国瓜田里的瓜又瘦又小，楚国士兵每天望着梁国士兵在瓜田里尽情享受的样子，非常羡慕也非常忌妒，甚至认为他们是故意做给自己看的，于是心中的妒火渐渐使他们失去了理智。

有一天夜里，楚国士兵趁梁国士兵睡着后，偷偷蹿入梁国的瓜田，肆意地践踏起来。第二天，梁国士兵来到瓜田，立即被田中的惨

惨烈的战场

春秋战争场景图

状惊呆了：大片的瓜秧成了残枝败叶，破碎的瓜散落一地。梁国的士兵非常生气，虽然怀疑是楚国的士兵们干的好事，但是没有证据不能随便下结论。于是天黑后他们便在瓜田附近隐蔽起来，等着毁瓜人现身。结果这天夜里，楚国士兵又越过国界在瓜田中肆意地践踏。梁国的士兵愤怒了，他们向将军报告了楚国士兵毁瓜的事情，请求将军立即下令报复楚国士兵。

将军听罢，摇摇头说："为什么要相互报复呢？那样会使仇恨越积越深，最终会酿成大祸。为什么不能以德报怨呢？那样会使仇恨释解，最终会结出硕果。"

将军的话使士兵平静了下来："那我们该怎么办呢？"

"我们每天晚上悄悄地到楚国的瓜田，替他们浇水吧，只要他们的瓜和我们的一样好，他们就不会再来践踏我们的东西了。"

于是，梁国的士兵每天夜里每人肩上担着满满的两桶水到楚国的瓜田里浇水。楚国瓜田里的瓜也一天天好了起来。后来这件事情被楚国的士兵知道了，他们感动了，因内疚而悔恨不已，连夜向将军禀报了毁瓜浇瓜之事，请求处罚。士兵的报告震惊了楚国的将军，他知道如果梁国以怨报怨，两国定会燃起战火，而现在

吕氏春秋的教育智慧

却相反。他深感责任重大，速将此事呈报给了楚国国君。楚国国君接到呈报，感慨万端。他对大臣们说："梁国的将士有如此的美德，梁国的国君一定是个仁义之人。楚梁两国应该永远修好才是啊！"

从此，两国的士兵共同在边界的瓜田上劳作，没有再轻易征战，两国的百姓终于盼来了安定的日子。

安居乐业的生活

十九、疑似

【原文】

　　使人大迷惑者，必物之相似也。玉人之所患，患石之似玉者。相剑者之所患，患剑之似吴干者①。贤主之所患，患人之博闻辩言而似通者。亡国之主似智，亡国之臣似忠。相似之物，此愚者之所大惑，而圣人之所加虑也，故墨子见歧道而哭之。

　　周宅酆②、镐近戎人，与诸侯约，为高葆祷③于王路，置鼓其上，远近相闻，即戎寇至，传鼓相告，诸侯之兵皆至救天子。

　　戎寇当至，幽王击鼓，诸侯之兵皆至，褒姒④大说喜之。幽王欲褒姒之笑也，因数击鼓，诸侯之兵数至而无寇。至于后戎寇真至，幽王击鼓，诸侯兵不至，幽王之身乃死于丽山⑤之下，为天下笑。此夫以无寇失真寇者也。

　　贤者有小恶以致大恶。褒姒之败，乃令幽王好小说以致大灭，故形骸相离，三公九卿出走。此褒姒之所用死，而平王所以东迁也，秦襄⑥、晋文之所以劳王劳而赐地也。

　　梁北有黎丘部，有奇鬼焉，喜效人之子侄昆弟之状。邑丈人有之市而醉归者，黎丘之鬼效其子之状，扶而道苦之。丈人归，酒醒而诮⑦其子，曰："吾为汝父也，岂谓不慈哉！我醉，汝道苦我，何故？"其子泣而触地曰："孽矣！无此事也！昔也往责于东邑人可问也。"其父信之,曰:"嘻!是必夫奇鬼也,我固尝闻之矣?"明日端复饮于市,欲遇而刺杀之。明旦之市而醉。其真子恐其父之不能反也,遂逝迎之⑧。丈人望其真子,拔剑而刺之。

丈人智惑于似其子者,而杀其真子。夫惑于似士者,而失于真士,此黎丘丈人之智也。疑似之迹,不可不察,察必于其人也⑨。

舜为御,尧为左,禹为右,入于泽而问牧童,入于水而问渔师,奚故也?其知之审也。夫孪子之相似者,其母常识之,知之审也。

【注释】

① 吴干:春秋吴人干将。相传干将、莫邪夫妇善铸剑,为吴国铸造阴阳剑,阳曰"干将",阴曰"莫邪",都是春秋时的名剑。

② 酆:亦作"丰",周文王作邑居此。

③ 葆墒:即土城、土台。

④ 褒姒:周幽王的宠妃,褒国人,姒姓,为幽王所宠,被立为后,申侯联合曾、犬戎进攻,幽王被杀,她被俘。

⑤ 丽山:又作"骊山",在今陕西临潼东南。

⑥ 秦襄:即秦襄公(前777—前776年在位),春秋时秦国的建立者。秦庄公之子,继其父而立。西周灭亡时,护送周平王东迁,被封为诸侯,赐给岐以西地。

⑦ 诮(qiào):责问。《书·金滕》曰:"王亦未敢诮公。"

⑧ 逝:往,去。

⑨ 其人:这里指了解真实情况的人。

【译文】

令人感到深深迷惑的,必然是那些相似的东西。雕琢玉的人,担心的是像玉一样的石头。鉴别宝剑的人,担心的是像"干将""莫邪"一样的剑。贤明的君主,忧虑的是表面上像是知识广博、能言善辩、通达事理的人。亡国的君主好像很聪明,亡国的臣子好像很忠诚。表面上相似的东西,使愚昧的人深感迷惑,使圣人多加考虑,所以墨子看到歧路便大哭起来。

周朝的都城酆、镐很接近戎人住的地方,周天子与各诸侯约定好,在大路上修建高高的土台,土台上放置警鼓,一击鼓,远近都能听见鼓声,如果戎兵来侵犯,便击鼓告诉各诸侯,各路诸侯兵马都赶来救天子。

有一次戎兵来侵犯,周幽王击鼓传令,各路诸侯立马赶来,褒姒看见后觉得很高兴。周幽王为博得褒姒一笑,便多次击鼓传令,诸侯兵多次赶来却不见戎兵。后来,戎兵真的来侵犯,幽王再次击鼓,诸侯兵却不到来,周幽王被杀死在骊山下,为天下人所耻笑。这就是没有戎兵而多次击鼓从而耽误了真有戎兵进犯这样的大事。

贤能的人有了小错误也会招致大祸患。褒姒败坏国事,让周幽王为了一点儿小小的欢乐而招致灭亡。所以幽王身首分家,三公九卿逃走。这就是褒姒被杀,平王迁都洛邑,秦襄公、晋文侯在保驾东迁时有功因而赏赐封地的缘故。

梁国北部有个黎丘乡,那里有一个很神奇的鬼,喜欢装成别人的子孙、兄弟的模样。黎丘部有个老人,有一天到集市上喝醉了酒后往回走,这个鬼就变成了他儿子的模样,扶着他走,在路上折磨他,使他吃尽了苦头。这位老人回到家里,酒醒后责问他的儿子,说:"我是你父亲,难道你不讲一点儿仁慈吗?昨天我喝醉了酒,在回家的路上你万般折磨我,这是为什么?"他的儿子哭着叩头说:"真是冤枉啊!根本没有此事,昨天我到东邑讨债去了,你可以去问问他们。"他的父亲相信了他的话,然后说:"唉!肯定是那个鬼在作怪,我以前曾经听说过。"第二天他又去集市上饮酒,想遇到那个鬼后把它杀掉。第二天他果然在集市上又喝醉了,他的儿子担心父亲不能顺利返家,便去迎接他。老人一看见自己的儿子便拔剑刺杀。

老人的心智被像他儿子的鬼怪迷惑了,以至于杀死了自己的亲儿子。那些被像贤士的人迷惑,从而失去真正的贤士的人,他们的思想就跟黎丘的老人一样。对那些很相似的事物,不能不好好审察,要审察清楚就必须多向了解实情的人询问。

舜坐在中间驾车,尧在左边当助手,禹在右边当助手,到了水泽之地要向牧童询问,到了河边就向渔夫打听,这是为何呢?因为他们对当地的情况了解得最清楚。孪生兄弟长得

吕氏春秋的教育智慧

很相似，但他们的母亲常常能够识别，这是因为他们的母亲对自己的儿子了解得很清楚。

【故事】

周幽王烽火戏诸侯

烽火戏诸侯

周幽王，又叫姬宫涅，是中国历史上出了名的昏君。他不问国家大事、不理朝政，却沉迷于女色。

周幽王十分宠爱一位名叫褒姒的妃子，可是褒姒自从进宫以后就没有笑过，整天闷闷不乐。周幽王送各种珍奇礼物，想尽各种古怪的办法逗她笑，但都没有成功。于是周幽王在宫中悬赏称："有谁能让王妃娘娘笑一下，就赏他一千两黄金。"

有个叫虢石父的臣子，替周幽王想了一个主意。原来，周王朝为了防备西部犬戎部落的进攻，在骊山一带造了二十多座烽火台。如果犬戎来袭，把守的士兵就把火烧起来，这样，附近的诸侯见到了就会发兵来救援。虢石父对周幽王说："大王可以跟娘娘上骊山去玩几天。到了晚上，咱们把烽火点起来，让附近的诸侯见了赶来，上个大当。娘娘见了许多兵马扑了个空，肯定会笑的。"周幽王拍着手说："好极了，就这么办吧！"果然，邻近的诸侯看到了信号，急忙带领兵马赶来。没想到赶到那儿，却听到山上一阵阵欢快的奏乐声和唱歌的声音。诸侯们知道上了当，都十分气恼地回去了。褒姒见此情景就真的笑了。周幽王见褒姒笑了，就赏给出主意的那个人一千两黄金。

　　周幽王为了取得褒姒的欢心，后来干脆把王后和太子废了，立褒姒为王后，立褒姒生的儿子伯服为太子。原来王后的父亲是申国的诸侯，知道了这个消息，就联合犬戎进攻周朝的都城镐京。周幽王连忙下了命令把骊山的烽火台点起来，烽火台上白天冒着滚滚浓烟，可是诸侯们因为上次上了当，谁也不理会他。

　　犬戎兵一到，就把周幽王、虢石父和褒姒生的儿子伯服杀了，把褒姒也抢走了。

　　到这时候，诸侯们才知道犬戎真的打进了镐京，这才联合起来，带着大队人马来救驾，可是为时已晚。

周幽王与褒姒

二十、察传

【原文】

夫得言不可以不察，数传而白为黑，黑为白。故狗似玃①，玃似母猴②，母猴似人，人之与狗则远矣！此愚者之所以大过也。闻而审则为福矣，闻而不审，不若无闻矣！

齐桓公闻管子于鲍叔，楚庄闻孙叔敖于沈尹筮，审之也，故国霸诸侯也。

吴王闻越王勾践于太宰嚭③，智伯闻赵襄子于张武，不审也，故国亡身死也。

凡闻言必熟论，其于人必验之以理。

鲁哀公问于孔子曰："乐正④夔一足信乎？"

孔子曰："昔者舜欲以乐传教于天下，乃令重黎举夔于草莽之中而进之，舜以为乐正。夔于是正六律，和五声，以通八风，而天下大服。重黎又欲益求人，舜曰：'夫乐，天地之精也，得失之节也，故唯圣人为能。和，乐之本也，夔能和之，以平天下，若夔者，一而足矣！'故曰，夔一足，非一足也。"

宋之丁氏，家无井而出溉汲⑤，常一人居外。及其家穿井，告人曰："吾穿井得一人。"有闻而传之者曰："丁氏穿井得一人。"国人道之，闻之于宋君。宋君令人问之于丁氏，丁氏对曰："得一人之使，非得一人于井中也！"求能之若此，不若无闻也。

吕氏春秋的教育智慧

子夏之晋,过卫,有读史记者曰:"晋师三豕涉河。"子夏曰:"非也,是己亥也!"夫己与三相近,豕与亥相似。至于晋而问之,则曰"晋师己亥涉河"也。

辞多类非而是,多类是而非,是非之经,不可不分,此圣人之所慎也。然则何以慎?缘物之情及人之情以为所闻,则得之矣!

【注释】

①玃(jué):大母猴,即猕猴。

②母猴:古称沐猴为母猴。

③太宰嚭:春秋时期吴国大臣,伯氏,名嚭。

④乐正:周时乐官之长。

⑤溉汲:从井里打水。

【译文】

听到传言,不能不审察清楚,因为几经转述,有可能白的被说成黑的、黑的被说成白的。所以狗像猕猴,猕猴像沐猴,沐猴像人,其实人与狗相差得太远了!这就是愚蠢的人之所以犯大错误的原因。听到传闻能加以仔细审辨就会得到好处,听到传闻不加以审察,那不如没听到的好!

齐桓公从鲍叔牙那里听说管仲,楚庄王从沈尹筮那里听说孙叔敖,经过审察后重用他们,因此而称霸诸侯。

吴王从太宰那里听说越王勾践,智伯瑶从张武那里听说赵襄子,但没有经过审察,所以落得个国亡身死的下场。

凡听到传闻一定要辨别清楚，涉及对人的传言还必须用常理加以验证。

鲁哀公问孔子："那姓夔的音乐长官只有一只脚，这是真的吗？"

孔子回答道："从前舜想用音乐来教化天下，于是让重黎从民间举荐夔到宫中，舜任命夔为乐正。夔就定正六律，使五声和谐，使八风调和，于是天下归服。重黎又想向舜举荐精通音乐的人，舜说：'音乐，是天地之精华，是治政得失之关键，只有圣人才能使音乐和谐。和谐，是音乐的根本，夔能够使音乐和谐，从而平定天下。像夔这样的人，一个足够了。'所以说的是有夔这个人就够了，而不是说夔只有一只脚。"

宋国有一户姓丁的人家，家里没有水井，经常要到外面去打水，所以家里有一个人为此常常要外出，等到他们打了一口水井后，姓丁的人就告诉别人说："我打了水井后像得到了一个人。"有人听说后误传为："丁家打井时得到了一个人。"全国的人都在传闻这件事，宋国的国君也听说了，国君便叫人去问丁氏，丁氏回答道："是得到一个人做事，不是从井里得到一个人。"求得传闻像这样，还不如不得到的好。

子夏到晋国去，路过卫国，听到有人这样诵读史书："晋国的军队中有三头猪渡过了河。"子夏说："不对，是己亥。因为己与三很相近，亥与豕又很相似。"到了晋国一问，晋人说"晋国的军队己亥时渡河。"

很多言辞好像是错误的,其实是正确的;还有些言辞好像是正确的,其实是错误的。正确与错误的界线,不能不分辨清楚。对于这一点,圣人都很慎重。那么怎样才算慎重呢?那就要按照事物的自然之理和人之常情加以审察,只有这样,听到的传闻才能分清是非。

【故事】

曾参杀人

春秋末年,鲁国有个名叫曾参的人,也就是曾子。他性情沉静,举止稳重,为人谨慎,待人谦恭,以孝著称。十六岁就拜孔子为师,曾提出"慎终(慎重地办理父母的丧事),追远(虔诚地追念祖先),民德归厚"的主张。又提出"吾日三省吾身"(《论语·学而》)的修养方法,著述有《大学》《孝经》等儒家经典,后世儒家尊他为"宗圣"。

年轻时,曾参同母亲一起住在一个叫费的地方。有一次,在费这个地方有一个和曾子同姓同名的人,因在集市做买卖时与人发生争执而失手杀了人。为了躲避官府的缉捕,那个和曾子同姓名的人逃到了外地,官府因此到处张贴通缉他的文书,希望知情者举报。此时恰逢曾子外出游学未归。

曾子的邻人朋友中有多人看到了这则文书,误以为那个曾参就是这个曾参。他们先后赶往曾子家将这一消息告诉给了曾子的母亲。第一个来人说

中国古代教育智慧

曾参

曾子（前505—前432年），姓曾，名参，字子舆，春秋末年鲁国南武城（今山东嘉祥县）人。十六岁拜孔子为师。曾子的修齐治平的政治观，省身、慎独的修养观，以孝为本的孝道观影响了中国两千多年，至今仍具有极其宝贵的社会意义和实用价值。曾子与孔子、孟子、颜子、子思比肩共称为五大圣人。他著述有《大学》《孝经》等儒家经典，后世儒家尊他为"宗圣"。

"曾参杀人了"时，曾子的母亲十分果断地回答说："我的儿子不会杀人的。"因为她深知儿子的为人和秉性。说这话的时候，她仍然不停地织着布。可没过多久，又一个人来对曾子的母亲说："曾参杀人了。"曾子的母亲未置可否，仍旧安心地织着布，仿佛没听见一样。这人刚走不一会儿，第三个人又来告诉曾子的母亲说："曾参杀人了。"这一回，曾子的母亲再也坐不住了，她显然害怕了，心想儿子果真杀人在逃的话，一旦自己落入官府手中，儿子一定会投案自首，舍身相救。这样的话，岂不害了自己的儿子，想到此她急忙丢下手中的织布梭子，使出全身的力气翻墙逃跑了。

曾子本没有杀人，他的母亲也坚信他不会杀人，可是，只要当有三个人说他杀人了，慈爱的母亲也不敢相信自己的儿子了，尽管曾子一向是那样的贤德。

二十一、博志

【原文】

先王有大务，去其害之者，故所欲以必得，所恶以必除，此功名之所以立也。俗主则不然，有大务而不能去其害之者，此所以无能成也。夫去害务与不能去害务，此贤不肖之所以分也。使獐疾走，马弗及至，已而得者，其时顾也①。骥一日千里，车轻也；以重载则不能数里，任重也。贤者之举事也，不闻无功，然而名不大立，利不及世者，愚不肖为之任也。

冬与夏不能两刑②，草与稼不能两成，新谷熟而陈谷亏，凡有角者无上齿，果实繁者木必庳③，用智褊者无遂功④，天之数也。故天子不处全，不处极，不处盈。全则必缺，物极必反，盈则必亏。先王知物之不可两大，故择务，当而处之。

孔、墨、宁越，皆布衣之士也，虑于天下，以为无若先王之术者，故日夜学之。有便于学者，无不为也；有不便于学者，无肯为也。盖闻孔丘、墨翟，昼夜讽诵⑤习业，夜亲见文王、周公旦而问焉。用志如此其精也，何事而不达？何为而不成？故曰熟而精之，鬼将告之，非鬼告之也，精而熟之也。今有宝剑良马于此，玩之不厌，视之无倦；宝行良道，一而弗复，欲身之安也，名之章也，不亦难乎？

宁越，中牟之鄙人也⑥，苦耕稼之劳，谓

· 153 ·

其友曰:"何为而可以免此苦也?"其友曰:"莫如学。学三十岁则可以达矣。"宁越曰:"请以十五岁。人将休,吾将不敢休;人将卧,吾将不敢卧。"十五岁而周威公师之。矢之速也,而不过二里止也;步之迟也,而百舍不止也⑦。今以宁越之材而久不止,其为诸侯师,岂不宜哉?

养由基、尹儒,皆文艺之人也⑧。荆廷尝有神白猿,荆之善射者莫之能中,荆王请养由基射之。养由基缴弓操矢而往,未之射而括中之者矣⑨。发之则猿应矢而下,则养由基有先中中之者矣。尹儒学御三年而不得焉,苦痛之,夜梦受秋驾于其师⑩。明日往朝其师,望而谓之曰:"吾非爱道也,恐子之未可与也。今日将教子以秋驾。"君尹反走,北面再拜曰:"今昔臣梦受之。"先为其师言所梦,所梦固秋驾已。上二士者可谓能学矣,可谓无害之矣,此其所以观后世已。

【注释】

①顾:回看,瞻望。《诗·桧风·匪风》曰:"顾瞻周道,中心怛兮。"

②刑:形成。《礼记·大传》曰:"百志成,故礼俗刑。"

③庳:矮。《周礼·地官·大司徒》曰:"其民丰丰而庳。"

④褊:狭隘。

⑤讽:诵。《汉书·艺文志》曰:"太史试学童,能讽书九千字以上,乃得为史。"讽

诵：即吟诵。

⑥宁越、中牟：宁越，战国时赵国人，原为中牟农民，因努力求学，十五岁而成为周威王之师。中牟，古代邑名。在今河南鹤壁市西。

⑦舍：古时行军以三十里为一舍。《左传·僖公二十三年》曰："其避君三舍。"

⑧养由基、文：养由基，春秋时楚国大夫。善射，能百步穿杨。文，美，善。《礼记·乐记》曰："礼减而进，以进为文。"

⑨括：箭的末端。《孔子家语·子路初见》曰："括而羽之，镞而砺之，其入之不亦深乎？"

⑩秋：飞貌，腾跃貌。《汉书·礼乐志》曰："飞龙秋，游上天。"

【译文】

古代贤明的君主干大事业，就要去除妨害他的因素，自己喜欢的要志在必得，自己讨厌的则坚决摒弃，这是他们能够成就功名的原因。平庸的君主则不是这样，干大事业却不去除妨害他的因素，这是他们不能成就功名的原因。能否去除妨害大事的因素，这是区分贤明与不贤明的依据。假使让獐子快速逃走，马不能追上，实际上要不了一会儿獐子就被捕获，是由于它不时回头张望的缘故。千里马能够日行千里，是因为车上负载轻；如果装载太重就走不了多远，是因为负载太重了。贤明的人干事业，从未听说过有不成功的，但是不能名垂青

中国古代教育智慧

史,泽被子孙后代,是由于被愚昧、不贤的世人所拖累。

冬天和夏天不能同时来临,杂草和庄稼不可能都长势旺盛,新谷成熟的时候必然陈谷短缺,动物有尖锐的角就不会有锋利的牙齿,果实结得多的树木必然会枝叶下垂,内心狭隘的人不能成就功业,这些都是老天的法则。所以,圣明天子做事不要求尽善尽美,不走极端,不骄傲自满,要求十全十美,必然有所缺失,走极端必然会走向它的反面,骄傲自满必然会出现亏缺。古代贤明的君主知道事物对立的两面不可能都发展壮大,所以对事物先进行选择,合适的就去做。

孔子、墨子、宁越,三个人都是平民中的读书人,思考天下之事后,认为治理天下没有比古代明君的方法更好的了,所以夜以继日地学习。在学习的过程中,凡是对学习有利的,都去做;凡是对学习不利的,一件也不肯做。听说孔子、墨子白天刻苦吟诵学习,晚上就梦见拜访周文王、周公旦,并向他们询问如何治理天下。如此专心致志,什么事做不成,怎会做不成?所以说,专心致志而又深思熟虑,鬼神都会来点拨。实际上,并不是鬼神来告诉而是他们专心致志和深思熟虑的结果。现在这里有宝剑和快马,怎么玩弄都不觉得厌烦,怎么看都不觉得疲倦;可是对好的品行、好的学问,则浅尝辄止,接触一次就再也不理会了。这样做却想安身立命,成就功名,不也很困难吗?

吕氏春秋的教育智慧

宁越,是中牟的乡野村夫,苦于耕种的劳累,他对朋友说:"怎样做才能免除这种苦呢?"朋友说:"没有比学习更好的了。学三十年就可以通达事理。"宁越说:"我想只用十五年的时间,别人休息的时候,我不休息;别人睡觉的时候,我不睡觉。"果然,十五年之后宁越做了周威公的老师。箭的速度快,其射程也不过就两里;人步行的速度慢,走了三百里却仍能不停下来。现在,凭着宁越的资质和他长时间不停的学习,他最终成为了诸侯的老师,不是应该的吗?

养由基、尹儒都是技艺高超的人,楚国朝堂上有只神奇的白猿,楚国擅长射箭的人无一人能射中它,楚王叫养由基去射,养由基拉弓搭箭来到堂前,没有射之前就从箭的末端瞄准了它,箭射出去后,猿猴应声落地,如此看来,养由基在射中它之前早已在精神上射中了。尹儒学驾车三年而没有什么成就,内心非常痛苦,晚上梦见向他的老师学习飞车驾驶技术。第二天他去拜见老师,老师看到他说道:"我并不是吝惜技术,而是害怕你不适合学习驾车。今天我将教给你飞车驾驶技术。"尹儒退后几步,向北面再拜道:"昨晚我已经在梦中学到了。"接着,他向老师讲述昨晚梦中的情形,他梦见的确实是飞车驾驶技术。以上所说的两人可以称得上是善于学习的,可以说没有什么能够妨害他们的学习,这正是他们名垂青史的原因。

中国古代教育智慧

铁杵磨成针

【故事】

铁杵磨成针

李白是唐代的大诗人,被称为"诗仙",但是小时候读书却并不用功。有一天,他读书读到一半,就不耐烦了,心想,"这么厚一本书,什么时候才能读完啊!"于是,他干脆把书一扔就溜出去玩了。

李白快乐地跑着,忽然,他看到一位老奶奶正在磨刀石上用力地磨着一根铁棒。李白觉得很奇怪,便蹲了下来,看了好一阵。老奶奶也不理会他,只是全神贯注地磨着。后来,李白忍不住了,问道:"奶奶,您这是干什么呢?""我在磨一根针来缝衣服。"老奶奶头也不抬,专心地磨。"磨针?"李白更加奇怪了,"这么粗一根铁棒怎么能磨成针?"老奶奶这才抬起头来说:"孩子,铁棒再粗,我天天磨,还怕它磨不成一根针吗?"

李白听了,恍然大悟,"对呀!只要有恒心,再难的事情也能做成功的,读书不也是这样吗!"于是他便立刻转身跑回家去,拾起扔在地上的书本专心地读着,从此也不再偷懒。后来,他终于成了中国历史上一位伟大的诗人。

吕氏春秋的教育智慧

二十二、似顺

【原文】

事多似倒而顺，多似顺而倒。有知顺之为倒、倒之为顺者，则可与言化矣。至长反短，至短反长①，天之道也。

荆庄王欲伐陈，使人视之。使者曰："陈不可伐也！"庄王曰："何故？"对曰："城郭高，沟洫深②，蓄积多也。"

宁国曰："陈可伐也。夫陈，小国也，而蓄积多，赋敛重也，则民怨上矣！城郭高，沟洫深，则民力罢矣！兴兵伐之，陈可取也。"庄王听之，遂取陈焉。

田成子之所以得有国至今者，有兄曰完子，仁且有勇。越人兴师诛田成子，曰："奚故杀君而取国？"田成子患之。完子请率士大夫以逆越师，请必战，战请必败，败请必死。田成子曰："夫必与越战可也。战必败，败必死，寡人疑焉。"完子曰："君之有国也，百姓怨上，贤良又有死之，臣蒙耻。以完观之也，国已惧矣！今越人起师，臣与之战，战而败，贤良尽死，不死者不敢入于国。君与诸孤处于国，以臣观之，国必安矣。"完子行，田成子泣而遣之。

夫死败，人之所恶也，而反以为安，岂一道哉！故人主之听者与士之学者，不可不博。

尹铎为晋阳③，下有请于赵简子④，简子

中国古代教育智慧

曰:"注而夷夫垒,我将注!注而见垒,是见中行寅与范吉射也。"铎注而增之。简子上之晋阳,望见垒而怒曰:"嘻!铎也欺我!"于是乃舍于郊,将使人诛铎也。孙明进谏曰:"以臣私之,铎可赏也。铎之言固曰:'见乐则淫侈⑤,见忧则诤治⑥,此人之道也。今君见垒念忧患,而况群臣与民乎?夫便国而利于主,昂兼于罪⑦,铎为之。'夫顺令以取容者,众能之,而况铎欤!君其图之。"简子曰:"微子之言,寡人几过。"于是乃以免难之赏赏尹铎。

人主太上喜怒必循理。其次不循理,必数更,昂未至大贤,犹足以盖浊世矣。简子当此。世主之患,耻不知而矜自用,好愎过而恶听谏,以至于危。耻无大乎危者。

【注释】

①至长反短,至短反长:高诱注:"夏至极长,过至则短,故曰'至长反短'。冬至极短,过至则长,故曰'至短反长'也。"

②沟洫:中国古代用以除涝的排水沟道系统。小的称为沟,大的称为洫,统称沟洫。这里指护城河。

③尹铎:赵简子家臣。

④赵简子:即赵鞅,春秋末晋国正卿。晋定公十九年,袭击护送粮饷于范氏的郑兵,大胜。他战胜范氏、中行氏后,扩大封地,奠定了此后建立赵国的基础。

⑤淫侈:淫逸,奢华。

⑥诤：通"争"。

⑦兼：两倍。《旧唐书·王及善传》曰："守无兼句之粮"。

【译文】

事物的发展往往是倒后接着是顺，顺后接着是倒。能够知晓顺为倒、倒为顺，二者可互相转化的，那就可以和这个人谈论天理之道了。夏至这天白昼最长，但过了这一天便会慢慢回返到白昼最短；冬至这天白昼最短，但过了这一天，便会慢慢回返到白昼最长，这就是天理之道。

楚庄王想要攻伐陈国，派人去试探情况。派去的人回来说："不能攻伐陈国啊！"楚庄王问："为什么不能攻伐？"那人回答道："陈国的城墙很高，护城河很深，国内蓄积丰富。"

宁国说："可以攻伐陈国。因为陈国是一个小国，国内蓄积丰富，就说明赋税多剥削重，这样老百姓就会怨恨统治者！虽然城墙高、护城河深，但民力已疲惫不堪！举兵攻伐，是可以攻下陈国的。"楚庄王听从了宁国的建议，举兵攻伐，于是陈国被楚国攻亡了。

田成子之所以能据有齐国直到现在，是因为他有一个哥哥叫完子，完子不仅仁德而且骁勇。越国举兵责问田成子："你为何要杀死齐国国君而窃取国家？"田成子对这事很忧虑。完子请求田成子让他率领士大夫去迎战越兵，请求田成子一定要让他出战，出战时允许他打败仗，打了败仗时允许他战死。田成子说："你一定要同

吕氏春秋的教育智慧

越兵交战可以，只是我对交战必败，败后必死的请求，疑惑不解。也因此死了许多贤良之士，没有死的也深感耻辱。"完子回答道："你据有了齐国，百姓怨恨你。也因此死了许多贤良之士，没有死的也深感耻辱。在我看来，举国上下已人心惶惶，现在越人举兵攻打齐国，我率士大夫与之交战，出战时故意打败，这样国内的贤良之士都死了，即使有没死的，也不敢回到国内，你就跟死难者的后代居于国内。在我看来，国家必定会平安无事。"完子率兵出发，田成子哭着为他送行。

死亡和失败是人们所厌恶的，而完子却借此使得齐国安定，所以说无论做什么事怎会只有一种方法呢？因此，国君听取言论和读书人学习知识，不能不广博啊！

尹铎治政晋阳，去赵简子那里请示，赵简子说："回去后你把那些营垒铲平。我不久将到晋阳！如果到了晋阳看见那些营垒，就像看到了中行寅和范吉射这两个人。"尹铎回到晋阳，不但没有铲平反而加高了营垒。赵简子到了晋阳，一望见营垒就大怒道："嗨！尹铎竟敢欺骗我！"于是就驻兵郊外，准备派人去诛杀尹铎。孙明劝谏道："以我看来，应该赏赐尹铎。尹铎之意是：'遇到快乐的事就淫逸奢华，遇到忧虑之事就励精图治，这是人之常理。现在国君看见营垒就会想起忧患，更何况是君臣与百姓呢？对国家和国君都有利的事，即使是遭到双倍的责罚，尹铎也要去做'。依从命令取悦国君一般人都能做得到，又何况是尹铎呢！国君你可要好好考虑考虑。"赵简子说："没有你这番话，我差点犯了大错误。"于是以救驾之功重赏了尹铎。

最贤明的君主是喜怒都要遵循事理，其次是那些不遵循事理，但能不断改正过错的国君，这样的君主，即使算不上是最贤明的，但也足以超过那些乱世专权的君主。赵简子就是这一类型的君主。一般君主的弊病在于以不知为耻，自己却又骄矜傲慢，喜好刚愎自用，厌恶听取善言，以至于弄得国家危亡。最大的耻辱莫过于把国家推向危险的境地。

【故事】

盲人摸象

很久以前，有一位很有智慧的国王，在他的国家里，除了他一人信奉佛法的真理之外，臣民们却都信仰那些旁门左道，就好像怀疑日月的光明、反而去相信萤火的微亮一样。因此，这位国王常常感到很苦闷，他想："我总得想出一个办法来教育他们，使他们舍邪归正才好！"

有一天，国王突然召集他的臣子说："你们去把国内所有生下来就瞎了眼睛的人找到宫里来吧！"于是这些臣子们便奉命分头在国内遍处找寻，隔了几天，臣子们都带着寻找到的瞎子回来了。国王很高兴地说："好极了，你们再去牵一头象，送到那些盲人那里吧！"许多臣民听到了这个消息都十分好奇，不知道国王今天将要做

中国古代教育智慧

盲人摸象

些什么，因此，大家都争先恐后地赶来参观。

国王在心里暗暗地欢喜："今天该是教育他们的时候了。"于是他便叫那些盲人去摸象的身体。有摸象脚的，有摸象尾的，有摸象头的。过了一会儿，国王便问："你们看见象了没有？"盲人们争着说："我们都看见了！"国王又问："那么你们所看见的象是怎样的呢？"摸着象脚的盲人说："象好像漆桶一样。"摸着象尾的说："不，它像扫帚！"摸着象腹的说："像鼓呀！"摸着象背的说："你们都错了！它像一个高高的茶几才对！"摸着象耳的盲人争着说："像簸箕。"摸着象头的说："谁说像簸箕？它明明像一只笆斗呀！"摸着象牙的盲人说："王啊！象实在和角一样，尖尖的。"他们还是各执一词，在国王的面前争论不休。

于是，国王哈哈大笑着说："盲人呀，盲人！你们又何必争论是非呢？你们仅仅看到了一点，就认为自己是对了吗？唉！你们没有看见过象的全身，自以为得到了象的全貌，就好比没听见过佛法的人自以为获得了真理一样。"接着国王又问来参观的人说："臣民们啊！专门去相信那些琐屑浅薄的邪论，而不去研究切实的、整体的佛法真理，和那些盲人摸象有什么两样呢？"